Wolfgang Janowitz
Spaziergänge in Pankow

BERLINISCHE REMINISZENZEN 65

Wolfgang Janowitz

Spaziergänge in Pankow

HAUDE & SPENER

Fotos:
arani-Verlag: S. 27, 92; Michael Günther: S. 85; Stadtbezirkschronik Pankow: S. 21, 33, 65, 75, 87, 106; Privatbesitz: S. 34.
Alle übrigen Abbildungen von Burkhard Klemp

Die Deutsche Bibliothek – CIP-Einheitsaufnahme

Janowitz, Wolfgang
Spaziergänge in Pankow / Wolfgang Janowitz. – Berlin:
Haude und Spener, 1992
(Berlinische Reminiszenzen; 65)
ISBN 3-7759-0358-5
NE: GT

Satz: Volker Spiess, Berlin
Umschlag: Hauke Sturm, Berlin
Druck: Ratzlow-Druck, Berlin
Buchbinder: Heinz Stein, Berlin
ISBN 3-7759-0358-5

Einladung nach Pankow

»Komm, Karlinckin, komm –
wir woll'n nach Pankow jeh'n ...«

Ist es wirklich erst einhundert Jahre her, daß unsere Groß- und Urgroßeltern diesen Schlager von Adolf Spahn gesungen haben? Mit dem Kremser, mit der Pferdebahn oder auch zu Fuß zogen sie hinaus vor die Tore der expandierenden Reichshauptstadt, um wenigstens am Sonntag einmal alle Mühsal des Lebens in der »guten alten Zeit« zu vergessen. Im Norden von Berlin hießen die Ziele Pankow, Schönholzer Heide, Französisch Buchholz. Dort lockten die Ausflugslokale, Freiluftkegelbahnen, Biergärten. Äußerst beliebt die Strauchwiese in Niederschönhausen. Das gute Blankenfelder Bier wurde ausgeschenkt. Mutter packte dazu den mitgebrachten »Freßkorb« aus, der hungrigen Mäuler waren in den meisten Fällen genug zu stopfen, aber ... man hatte sein »Amüsemang«. Es war ja Sonntag, eine Landpartie nach Pankow, kille kille Pankow, war eben was besonderes.

Die wohlhabenderen Bürger sahen das nicht anders. Auch sie zog es in die Idylle an des Berliners zweitliebsten Fluß, der Panke. Und wer es sich leisten konnte, der erwarb hier ein Grundstück und baute sich einen Sommersitz, möglichst eine Villa. Es hatte eine ziemliche Anziehungskraft, dieses Pankow, unter vielen anderen auch für Walter Kollo, dessen »Fliedermarsch« den Text bekam »Ja, wenn in Pankow blüht der Flieder, seh'n wir uns wieder«.

Also, »komm, Karlinekin«, machen wir's wie unsere Vorfahren, die im »Humoristisch-poetischen Führer durch Berlin« von 1890 unter »hervorragende Orte in der nächsten Umgebung« lesen konnten: »Pankow, Dorf im Norden Berlins mit vielen eleganten Sommerwohnungen, leicht mit der Pferdebahn zu erreichen«. Immerhin war das eine ganz schöne Reise. Wollen wir sie heute mit der Benzinkutsche nachvollziehen, so rollen wir, falls uns nicht gerade ein Stau daran hindert, durch die Schönhauser Allee, die Berliner Straße und ab Bahnhof Vinetastraße durch die Mühlenstraße. Natürlich können wir auch die öffentlichen Verkehrsmittel benutzen, und da wir Spaziergänge vorhaben, wären diese auf jeden Fall zu bevorzugen. Wir haben die Wahl zwischen drei Straßenbahnlinien aus dem Zentrum durch die Schönhauser, der U-Bahnlinie 2, Buslinien von Weißensee, Moabit und Wedding und der S-Bahn über das künftige Nordkreuz, Bornholmer Straße, in Richtung Buch/Bernau oder Oranienburg.

Der heutige Berliner Bezirk Pankow grenzt im Nordwesten bzw. im Nordosten an die Kreise Oranienburg und Bernau des Landes Brandenburg, im Osten an den Bezirk Weißensee, im Süden an den Prenzlauer Berg und im Westen an Wedding und Reinickendorf. Mit Stand von 1991 umfaßt er 61,9 km^2 und liegt damit nach Köpenick, Reinickendorf, Spandau und Zehlendorf an fünfter Stelle in Berlin. Was die Einwohnerzahl betrifft, so rangiert er jedoch erst auf dem 18. Platz mit seinen 107.032 Bürgern; pro Quadratkilometer sind das 1.729. Zum Vergleich: in Neukölln sind es 6.780 auf annähernd gleicher Fläche.

Gegenüber manch anderem Teil des heutigen Berlin haben sich Pankow und seine Ortsteile nicht als Randgebiete mit Mietskasernen und anderen negativen Merkmalen der Gründerzeit entwickelt, sondern als selbstän-

Blick vom Rathaus auf die Breite bzw. Schönholzer Straße

dige Gemeinden, was sich noch heute wohltuend zeigt, z.B. an der mit 22 m festgelegten Traufhöhe ihrer Gebäude, sowie generell an der aufgelockerten Bebauung. Pankow mit den Orten Niederschönhausen, Rosenthal, Blankenfelde, Buchholz, Buch, Blankenburg, Heinersdorf, Karow gehört seit der großen Eingemeindung am 1. Oktober 1920 als 19. Verwaltungsbezirk zu Berlin.

Wer nun aber die Stadtkarte zur Hand nimmt, der wird unschwer feststellen, daß da einiges heute nicht mehr zutreffend ist. Er wird erstens in der soeben gelesenen Aufstellung Wilhelmsruh vermissen. Diese Siedlung wurde 1893 von Rosenthal abgetrennt und gehörte bis 1938 zu Reinickendorf. Zweitens wird der Betrachter sicher bemerkt haben, daß Karow, Blankenburg und Heinersdorf Weißenseer Ortsteile sind. Das ist allerdings erst seit dem 1. Januar 1986 der Fall und war eine Folgeerscheinung der Gründung des Ostberliner Stadtbezirks Hohenschönhausen. Damit wäre Weißensee unverhältnismäßig klein geworden, weshalb der Magistrat beschloß, diesen Bezirk auf Kosten Pankows aufzufüllen. Schließlich sah die zentrale Planung ja auch noch den Bau großer Satellitensiedlungen in Buch, Rosenthal und Buchholz vor, was wiederum Pankow zu groß hätte werden lassen. Zugegeben, das alles ist aus heutiger Sicht schwer zu verstehen und war es wohl auch damals. Als 1991 erneut über Bauvorhaben in Pankow diskutiert wurde, waren die Standorte identisch mit denen von 1986.

Kehren wir noch einmal zurück zum bereits erwähnten Jahr 1938. Da gab es am 1. April zahlreiche Grenzveränderungen in Berliner Verwaltungsbezirken, von denen auch Pankow betroffen war. An Reinickendorf ging ein schmaler Streifen am Güterbahnhof Schönholz, an Wedding das Gebiet jenseits der Nordbahn um den westlichen Teil der Wollankstraße, also das von der Bahnstrecke, der Panke und dem Südrand der Friedhöfe umschlossene Dreieck. Prenzlauer Berg erhielt das Gelände westlich der Berliner Straße zwischen Esplanade und Bornholmer Straße. Pankow bekam dafür den größten Teil von Wilhelmsruh, einschließlich der kurz vor dem 1. Weltkrieg gegründeten Bergmann-Elektrizitätswerke und im Süden den Häuserblock zwischen Wisbyer- und Schonensche Straße.

Daraus ergeben sich bis in unsere Tage hinein einige Merkwürdigkeiten. Die postalische Anschrift für die Steegerstraße, im Wedding gelegen, war bis nach 1945 Berlin-Pankow. Besagter Häuserblock an der Wisbyerstraße gehört bis heute zum Postzustellbezirk 1071, also Prenzlauer Berg. Schließlich waren sich die Zuständigen für das Anbringen der Ortsteilschilder auch nicht so recht im klaren darüber, wo denn nun Pankow beginnt, an der Wisbyer- oder an der Hallandstraße?

Der Seltsamkeiten und Kuriositäten sind aber auch auf anderen Gebieten viele in diesem Bezirk. Da streiten sich die Gelehrten und die Heimatforscher noch immer darum, wer wem zu seinem Namen verhalf, der Ort dem Flüßchen oder umgekehrt.

Da gab es die Pankgrafen, die alles andere waren als Grafen, und an deren Existenz bis in unsere Tage gleich zwei Straßen erinnern.

Da weiß kaum noch einer, daß in Pankow drei Erfinder arbeiteten und forschten, deren Entdeckungen Grundlagen für noch heute Unentbehrliches schufen. Wie viele Pankower mögen tagtäglich achtlos an ihren Wirkungsstätten vorübergehen?

In der Wollankstraße lebte lange Zeit ein Mann, in dessen Personalausweis amtlich eingetragen stand: »Ehemaliger König von Albanien«.

Da gab es in Pankow trotz 40jähriger streng reglementierter Planung zwei Fälle sogenannter Schwarzbauten, die im Nachhinein stillschweigend sanktioniert wurden.

Und nicht zuletzt war der Name Pankow über viele Jahre hinweg sogar Synonym für den ganzen Staat, die 1949 gegründete DDR. So, wie die hier Herrschenden grundsätzlich nur »Bonn« sagten, wenn sie die Regierung der Bundesrepublik Deutschland meinten, so sprach man am Rhein von »Pankow«, was in der dialektgefärbten Aussprache Konrad Adenauers dann »Pankoff« hieß. Anlaß hierzu bot die Tatsache, daß die wichtigsten Leute der Partei- und Staatsführung jener Jahre in Pankow bzw. Niederschönhausen wohnten und daß dem damaligen Präsidenten der DDR, Wilhelm Pieck, das Schloß Niederschönhausen als Amtssitz zugeordnet war.

Machen wir uns auf den Weg zu unseren Spaziergängen mit offenen Augen, auch mit der Bereitschaft zur Erinnerung an Ereignisse und Persönlichkeiten der Vergangenheit. Betrachten wir das oft besungene, geliebte und geschmähte Pankow mit seinen historischen Bauwerken, seiner »ewigen« U-Bahn-Baustelle, mit der in Pankow »weltberühmten« Panke, den wunderschönen Parkanlagen, versuchen wir, Geschichte und Gegenwart zu verknüpfen. Prüfen wir vielleicht auch, ob Emanuel Geibel (1815–1884) recht hatte, als er sich diesen geradezu herrlichen Vers auf unser Pankow machte:

> Berlin hat manches, dem ein Lob gebührt.
> Schön ist's unstreitig abends in den Zelten,
> wenn man sein Liebchen dort spazieren führt,
> schön ist's im fischberühmten Stralau, dank, oh
> Neptun dir – und in Pankow.

Erster Spaziergang

Von der Wollankstraße nach Pankow-Süd

Beginnen wir unseren ersten Spaziergang in der Wollankstraße, am gleichnamigen S-Bahnhof der Nordbahnstrecke. Noch ist die Erinnerung frisch an die Jahrzehnte der Spaltung Berlins, an jene 28 Jahre Mauer, die hier an der Bahn entlang verlief und quer über die Straße die Brückendurchfahrt verschloß. Man konnte zwar von Osten her die Züge sehen, aber das Wissen um die Tatsache, daß »dort drüben«, im Westen noch bis 1938 ein Stück Pankow war, schien allmählich verblaßt. Als dann im November '89 die Mauer fiel, waren nicht wenige jüngere Pankower erstaunt, dort weiter in der Wollankstraße zu sein, bis diese schließlich fast unmerklich in die Prinzenallee übergeht.

Als der Straßenzug 1703 angelegt wurde, hieß er Prinzenweg, ab 1876 Prinzenstraße – da hier wohl einige Male preußische Prinzen auf ihrem Weg zum Schloß Niederschönhausen entlangritten – und schließlich um 1883 Wollankstraße, nach dem sechs Jahre zuvor verstorbenen Gutsbesitzer und Pankower Amtsvorsteher Adolf Friedrich Wollank. Ihm gehörten ausgedehnte Ländereien im Norden Berlins und das Gelände der Weinberge vor dem Rosenthaler Tor, worauf noch heute der Name Weinbergsweg im Bezirk Mitte zurückzuführen ist. Aber noch drei andere Hinweise auf Pankower Geschichte dürften dem aufmerksamen Betrachter jenseits der Nordbahn nicht entgangen sein: die Straßenschilder mit den Namen Richard Gottschalk – er war der erste Pankower, der nicht mehr als Gemeindevorsteher, sondern als Bürgermeister fungierte, und zwar von 1890 bis 1906 –, Fritz Steeger – um die Jahrhundertwende Gemeindeschöffe – und Wilhelm Kuhr, auf den wir später noch ausführlich zu sprechen kommen.

An dieser Stelle sei darauf verwiesen, daß wir bei unseren Streifzügen noch sehr häufig auf Straßen und Plätze stoßen werden, die ihre Namen seit vielen Jahrzehnten oder gar Jahrhunderten tragen. Das ist bereits der Fall, wenn wir nun unter der Brücke hindurch Pankow betreten. Links geht unmittelbar die Schulzestraße ab, rechts die Brehmestraße. Man sieht es ihnen an, daß sie »Grenzgebiet« waren, im Gegensatz zu vielen anderen Straßen im Bezirk bei Instandsetzung und Rekonstruktion bevorzugt wurden. Der zwischen dem Bahndamm und den Häusern liegende Grenzstreifen wird hoffentlich in den nächsten Jahren einer allseits akzeptierten und nutzbringenden Verwendung zugeführt.

Der Name Schulze wird uns noch mehrmals begegnen. Es handelt sich um den Pankower Fuhrunternehmer Wilhelm Schulze (1808–1885) und seine Söhne, schon zu ihren Lebzeiten »Millionen-Schulzen« genannt. Sie besaßen hier mehrere Grundstücke, von denen sie Kies, ein sehr begehrtes Baumaterial, abbauen ließen. Als die Vorräte versiegt waren, ließen sie die Gruben mit Erde auffüllen, die wiederum auf Baustellen reichlich anfiel. So verdienten sie an ihrem Besitz doppelt, was zu besagtem Beinamen führte. Die Straße ließen die Brüder 1886 anlegen und nach ihrem Vater benennen. Die 1892 erbaute Brehmestraße heißt so nach dem Steinsetzermeister Albert Brehme, der das erforderliche Land zur Verfügung stellte. Diese Straße ist auch verkehrshistorisch von Bedeutung. Hier eröffnete die Firma Siemens & Halske 1895 ein Depot und ein Kraftwerk für elektrischen Straßenbahnbetrieb, der am 14. Januar desselben Jahres zwischen Pankow/Kirche und Gesundbrunnen aufgenommen worden war. Immer-

Die Wollankstraße verbindet die Stadtbezirke
Wedding und Pankow

hin eine der ersten elektrischen Straßenbahnlinien im Berliner Raum. Dem Depot war kein langes Dasein beschieden. Schon 1901, nach dem Bau eines Straßenbahnhofs in der Damerowstraße, am östlichen Rand des Dorfes Pankow, wurde es stillgelegt. Der Bedeutung der Wollankstraße als einer der wichtigen Verbindungen in Richtung Westen und Süden tat das jedoch keinen Abbruch. Und wenn wir unseren Blick auf die Fahrbahn richten, liegen hier noch immer Schienen, so als hätten sie all die Jahrzehnte hindurch nur auf ihre Reaktivierung gewartet. Noch bis zur Spaltung Berlins verkehrten hier die 24 und die 199 von Buchholz über Gesundbrunnen nach Kreuzberg bzw. von Nordend nach Marienfelde.

1904 erhielt die Wollankstraße als erste in Pankow einen Asphaltbelag, der aber wohl nicht recht haltbar war, häufig repariert werden mußte, weshalb man 1914 doch zum Steinpflaster zurückkehrte. Das ist heute noch vor-

Das Carl-von-Ossietzky-Gymnasium (1. Gymnasium Pankow)

handen. Durch die S-Bahn-Unterführung kommt nun der Bus, der noch 1990/91 als Nummer 70 am Bahnhof endete und jetzt als 227er durch die Florastraße, vorbei am S-Bahnhof Pankow, bis zur neuen Endhaltestelle Pankow-Kirche fährt. Ansonsten präsentiert speziell die Südseite der Straße noch immer ihren Vorstadtcharakter. Überwiegend zwei- bis dreigeschossige Häuser, teilweise noch mit den Schmuckelementen versehen, wie sie um die Jahrhundertwende üblich waren. Besondere Beachtung verdienen wohl die Gebäude mit den Nummern 130 und 132. In letzterem befand sich früher die Pankower Bank, heute ist dort eine Filiale der Berliner Volksbank untergebracht. Rechterhand dann der schmale, sich nach innen stark erweiternde Zugang zum Hof eines der großen, recht imposanten Schulbauten Pankows. Es gehört zu einem ganzen Schulkomplex, im Dreieck Wollank-, Neue Schönholzer-, Görschstraße gelegen, zumindest zu seiner Zeit wohl der größte im Berliner Raum. Alle damaligen Schultypen waren hier auf einem Gelände vereinigt.

Hervorstechend das 1909 in konsequenter Neo-Renaissance gebaute Lyzeum an der Görschstraße mit einem weit ausladenden Treppenhaus und einer holzgetäfelten, geräumigen Aula. Ein ungewöhnlich eindeutiger Bau, ohne belastende Schnörkel in der Nachahmung anderer Stilepochen. In den letzten Jahren der DDR wurde die »Ossietzky-Oberschule« wegen der Relegierung von Schülern aus politischen Gründen weithin bekannt. Heute beherbergt der Bau eines der beiden Pankower Gymnasien.

Zurück zur Wollankstraße. Wenige Meter neben dem Schulhof liegt etwas versteckt zwischen den Häusern ein niedriges Gebäude, das der heutige Betrachter sicher völlig außer acht lassen wird. Es hatte seine großen Stunden vor rund 56 Jahren. Gleich vielen anderen Pankowern sah der Autor dieses Buches hier 1936 während der Olympischen Spiele zum erstenmal Fernsehsendungen.

Auf einem Bildschirm von Postkartengröße waren mit einiger Mühe Sportwettkämpfe mitzuerleben. Wohl kaum einer von denen, die da staunend saßen, konnte wohl ermessen oder auch nur ahnen, welche Entwicklung sich mit diesem Fernsehen schon 20 Jahre später anbahnen würde. Ein Pankower aber war bestimmt davon überzeugt, der Oberingenieur und spätere Dr. h.c. Paul Nipkow, der mit seiner Erfindung, der nach ihm benannten Nipkow-Scheibe, wesentliche Voraussetzungen dafür geschaffen hatte. Sein Patent »Elektrisches Teleskop« lag zwar seit 1884 in einem Regal des Patentamtes, aber schließlich konnte er doch beweisen, daß es keine Phantasterei war. Ab 1928 wurde offiziell experimentiert, dann kamen erste Versuche 1935 in der Berliner Straße in Pankow und schließlich die beschriebenen Vorführungen mit Publikum. Ein langes Leben war der Nipkow-Scheibe nicht beschieden, dem Siegeszug der Elektronik konnte sie nicht standhalten, aber Paul Nipkow blieb der Ruhm, das Prinzip der Bildübertragung nach Auflösung in Punkte entdeckt und entwickelt zu haben. Auch auf einem ganz anderen Gebiet, der Eisenbahntechnik, war er recht erfolgreich. Er lebte und forschte noch bis 1940 in der Pankower Parkstraße.

Doch schlendern wir noch ein wenig in das südliche Randgebiet der Wollankstraße, bis hin zur Mühlenstraße, an der sich ja, als sie noch Mühlenweg hieß, tatsächlich Mühlen drehten. Das letzte zu einer Mühle gehörende Wohnhaus ist uns erhalten geblieben, in Richtung Berlin gleich hinter der Bahnbrücke an der Dolomitenstraße.

Unmittelbar vor der Brücke, im Vorgarten der Bezirksbibliothek, entdecken wir die Büste des bedeutendsten rumänischen Dramatikers und Novellisten seiner Zeit, Ion Luca Caragiale (1852–1912), das einzige Denkmal für ihn außerhalb Rumäniens. Caragiale war 1904 nach Deutschland gekommen und lebte bis zu seinem Tod in Berlin. Seit 1954 trägt die Bibliothek seinen Namen. Die Büste – ein

Die Stadtbezirksbibliothek mit der Caragiale-Büste

Geschenk der damaligen rumänischen Botschaft – wurde 1955 aufgestellt. Schade, daß sie ein wenig verloren im Winkel des Gebäudes steht und sich so den Blicken eiliger Passanten entzieht.

Schon zur Zeit des Aufblühens der nördlichen Dörfer vor 100 bis 150 Jahren war der Mühlenweg die wichtigste

Im Heimatmuseum Heynstraße: Küche und »gute Stube« aus der Gründerzeit

Verbindung zwischen Berlin und Pankow und ist es heute wieder. Die Gründe dafür werden wir bei unserem Gang durch die Berliner Straße nach Pankow-Süd sehen. Es bleibt sich gleich, ob wir durch die Mühlenstraße oder die Neue Schönholzer gehen, wir sehen zwischen beiden einen ganz außerordentlichen Gebäudekomplex. Hoch aufragende rotgelbe Klinkerbauten mit eigenartigen pyramidenförmigen Dächern und großen Klappen an den Schornsteinen, die eher wie Türme aussehen. Es ist die ehemalige Malzfabrik der Schultheiß-Brauerei, deren älterer Teil 1885/88 erbaut wurde. Aus dem Verwendungszweck dieses als Zeugnis der Industriegeschichte unter Denkmalschutz gestellten Bauwerks ergibt sich auch der Sinn seiner Dachaufbauten. Sie dienten der Luftregulierung. In den letzten Jahrzehnten wurde die Anlage als Großhandelslager genutzt. Im Gegensatz zu manchen modernen Industriebauten ist es durchaus ansehenswert.

Jetzt bemerken wir erst einmal, wie richtig unsere Feststellung in bezug auf die Straßennamen war. Hier sind sie bis auf zwei Ausnahmen historisch. Görsch- und Heynstraße, Rettigweg, Pradel- und Gaillardstraße. Heinrich Gorsch war um 1900 Gärtnereibesitzer und Gemeindevertreter und hatte im Bereich dieser Straße einige Spargelfelder, wie es überhaupt in der Umgebung viele Gärtnereien gab, worauf noch heute der Name Florastraße hindeutet. Fritz Heyn kam 1886 nach Pankow, gründete eine Rohrstuhlfabrik, wurde Gemeindevertreter und Schöffe und ließ in der später nach ihm benannten Straße das Haus Nummer 8 errichten, das äußerlich heute einen unauffälligen, schlichten Eindruck macht. Die erste Etage jedoch hatte Heyn als seine Wohnung prunkvoll in Neo-Barock und -Rokoko ausstatten lassen. Sie beherbergte, sorgfältig restauriert, seit 1974 die Stadtbezirkschronik, eine Einrichtung mit musealem Charakter zur Pflege und Bewahrung der Heimatgeschichte.

Im Frühsommer '92 war großer Umzug. Die Chronik

fand eine neue, räumlich günstigere Heimstatt in der Breiten Straße 43. Das Museum verblieb in der Heynstraße und ist dienstags und sonntags geöffnet. Der Besucher kann hier eine reichhaltige Sammlung von Zeitzeugnissen betrachten, sich in Wort und Bild über die Geschichte der nördlichen Dörfer informieren und seine Freude haben an Gerätschaften unserer Vorfahren, an Lichtbildern aus der Frühzeit der Fotografie, an originellen Raucherutensilien aus dem ehemaligen Museum der Zigarettenfabrik Garbaty, an Gemälden und Zeichnungen einst und jetzt in Pankow ansässiger Künstler. Vorträge, Schriftstellerlesungen und auch musikalische Darbietungen ergänzen das Programm der Chronik. Wer sich in Archivalien vertiefen möchte, sollte sich lieber für einen Mittwoch anmelden. Es gibt kaum etwas Pankow-typisches, was sich hier nicht ausforschen ließe. Mit äußerster Akribie ist das Ganze zusammengetragen, vieles auch von Bürgern gestiftet oder zur Verfügung gestellt.

Karl Rettig war 1874 bis 1892 Pfarrer in Pankow und Niederschönhausen. Gustav Pradel übernahm von seinem Schwiegervater Emil Willner 1898 die Willner-Weißbier-Brauerei an der Berliner Straße, ein markantes Bauensemble. Der aus einer Hugenottenfamilie stammende Charles Frédéric Gaillard war Holzhändler und Gemeindevertreter.

Bevor wir nun durch die Florastraße zurückgehen zur Wollankstraße, verweilen wir noch einen Moment vor dem Eckhaus an der Heynstraße. Gerade wieder hergestellt, widerspricht es dem Urteil über willkürliche Nachahmung von Schmuckelementen verschiedener Stilepochen. Gewiß, man kann auch hier nicht eindeutig ausmachen, was eigentlich gemeint ist, aber das Haus wirkt freundlich und zieht alle Blicke auf sich. Man möchte sich auch bei künftigen Restaurierungen so etwas wünschen, um einer stillosen Eintönigkeit des in Jahrzehnten gewachsenen Stadtbildes zu entgehen.

Es fehlt uns ja noch die Nordseite der Wollankstraße. Da ist zunächst das Grundstück Nummer 19, ein Franziskaner-Kloster. 1921 kamen die Vorgänger der heutigen Mönche aus Breslau hierher. Die Stadt bot ihnen das Gelände mit einem Haus an, das noch immer der Kern des jetzigen Klosters ist. Mit ihrer Ansiedlung folgten sie einer uralten Tradition. Bereits vor etwa 750 Jahren gab es in Berlin Franziskaner (noch heute ist die Klosterruine in der Nähe des Alexanderplatzes zu bewundern), die später das berühmte Gymnasium »Zum Grauen Kloster« gründeten. Ihre wichtigste Aufgabe aber sahen sie immer – und heute erst recht – in der tätigen Fürsorge für die Armsten der Gesellschaft. So richteten sie 1990 eine Suppenküche ein, in der sie Obdachlose und andere in Not geratene Menschen versorgen. Doch sind sie auch bemüht, über das Materielle hinaus zu helfen und den Menschen, die zu ihnen kommen, moralischenHalt zu geben. Dieses Kloster, auch mit einer kleinen Kapelle versehen, und St. Ludwig in Wilmersdorf sind wohl, zumindest in Ostdeutschland, die nördlichsten Niederlassungen der Franziskaner. Übrigens richtete der Orden im Vorderhaus im Herbst 1991 eine Missionsstation ein, deren Wirken den Ärmsten in der Dritten Welt gelten wird.

Nur ein paar Schritte weiter liegt die Außenstelle Berlin des »Paul-Ehrlich-Instituts« – Bundesamt für Sera und Impfstoffe – basierend auf einer Einrichtung, die früher mit ähnlicher Aufgabenstellung hier tätig war. Dann die Flora-Apotheke, nicht gerade die älteste ihrer Art in Pankow, aber – stolz wird über dem Eingang darauf verwiesen – seit 1905 hier ansässig. Wir nähern uns der Einmündung der Kreuzstraße in die Wollankstraße. Ihr Name ist möglicherweise darauf zurückzuführen, daß sie früher von Begräbnisstätten gesäumt war, also in ihrem Verlauf zahlreiche Kreuze standen. Zeitweilig soll es hier auch einen Hundefriedhof gegeben haben. Jetzt sehen wir eine kleine Grünfläche mit umzäuntem Spielplatz und steinernen Tischtennisplatten. Aber dann nimmt das Haus Kreuzstraße 16, dort wo beide Straßen ineinander übergehen, unsere ganze Aufmerksamkeit in Anspruch.

Ein offensichtlich neues Schild verkündet: »Pension Schinkelhaus«. Sollte Schinkel hier tatsächlich gebaut haben? Dann wäre sicher früher schon die Rede davon gewesen. Andererseits zeigt das Gebäude in Ansätzen Schinkelsche Ornamente, besonders an der linken Giebelseite. Auch die Freitreppe zum ehemaligen Eingang weist auf seine Architektur hin. Andererseits ... einen so alten Eindruck macht das Haus nicht. Es wurde Ende des vorigen Jahrhunderts errichtet. Bauherren waren die Millionen-Schulzes, die offenbar um jeden Preis etwas Besonderes haben wollten. Also mußte die recht stattliche Villa in Schinkelscher Manier entstehen. Nach dem 2. Weltkrieg verfiel sie dann immer mehr, 1977 war nur noch eine Ruine geblieben. Diese kaufte der damalige »Berliner Verlag« und ließ sie bis 1979 als Gästehaus ausbauen. In den letzten Jahren, in denen sich ja so vieles gewandelt hat, ist daraus nun eine Pension mit 22 Zimmern geworden, und Pankow hat – wenn auch als recht simple Nachahmung – ein Schinkelhaus. Es gab ja schon einmal, vor reichlich hundert Jahren, etwa schräg gegenüber eine Übernachtungsmöglichkeit, das Hotel »Roland«, ursprünglich »Zum Wollank« genannt, wogegen die Familie Wollank Protest erhob. Aber der muß sich inzwischen gelegt haben, denn an dem Restaurant Ecke Florastraße ist zu lesen: »Wollank-Klause«.

An der verkehrsreichen Kreuzung des Straßenzuges Wollank-Breitestraße, Schönholzer-, Neue Schönholzer- und Wilhelm-Kuhr-Straße erreichen wir den Kernbereich Pankows, das alte Dorf. Aber gönnen wir uns erst noch eine kleine Spaziergangspause.

Majestät aus der Wollankstraße

Ältere Pankower haben ihn vielleicht noch gesehen oder gar mit ihm gesprochen, mit jenem unscheinbar wirkenden alten Mann, der in den harten Wintern nach dem 2. Weltkrieg mit einem Handwagen, manchmal auch mit einem Schlitten, durch die Straßen zog, auf der Suche nach etwas Brennbarem. Aber wen berührte das schon in jener Zeit?

Selbst die wenigen Mitbürger, die wußten, daß der Mann Otto Witte hieß und geborener Pankower war, hatten bestenfalls eine vage Vorstellung von seiner glanzvollen Vergangenheit. Er war schon eine schillernde Persönlichkeit, und er muß über weite Strecken seines Lebens auf andere Menschen außerordentlich anziehend gewirkt haben. Geboren ist er am 16.10.1872 in Pankow, gestorben am 13.8.1958 in Hamburg. Was er in den wesentlichsten dieser 86 Jahre erlebte, hat er in seinen 1939 erschienenen Memoiren festhalten lassen. Anders ist das wohl nicht auszudrücken, denn lesen und schreiben hat Otto Witte, nach immer wieder betonter eigener Aussage, nie gelernt, hingegen viele andere nützliche Tätigkeiten. Schon mit 8 Jahren kam er zu Schaustellern, ging mit ihnen auf Reisen, lernte zaubern und wahrsagen, versuchte sich als Feuerfresser und Raubtierdompteur. Mit dem Zirkus Althof kam er durch halb Europa, zauberte am serbischen Königshof, wurde im Balkangebirge von Räubern gefangen, entfloh, ohne das geforderte Lösegeld zu zahlen und geriet schließlich nach Afrika. In Addis Abeba – so berichtete er – entführte er die schöne Tochter des Kaisers Menelik II., wurde natürlich ergriffen und konnte erneut fliehen. Ob bei dieser Geschichte Karl May Pate stand, wer will das so genau wissen? Um ein Haar in Marokko als Sklave verkauft, wandte er sich 1912, bereits zum neunten Mal innerhalb weniger Jahre, nach Konstantinopel. Hier traf er einen alten Freund wieder, einen türkischen Offizier, der für seinen weiteren Lebensweg entscheidende Anstöße geben sollte. Seiner Hilfe und der verblüffenden Ähnlichkeit mit dem türkischen Prinzen Halim Etti hatte es Otto Witte zu verdanken, daß er vom Geheimdienst des Landes angeworben wurde. Unter dem Decknamen »Prinz« erfüllte er seinen ersten Auftrag und entwendete aus dem Kriegsministerium in Sofia die Aufmarschpläne der bulgarischen Armee für den gerade begonnenen ersten Balkankrieg. Der zweite Streich führte ihn mit demselben Ziel und Erfolg nach Belgrad, woraufhin er zum Offizier befördert wurde. Nun war er mit solchen »Kleinigkeiten« nicht mehr zufrieden, das ganz große Abenteuer mußte es sein. Er wollte sich in Tirana den Oberbefehl über das türkisch-albanische Armeekorps verschaffen und mit diesem – eigener Strategie folgend – gegen Serbien ziehen. Unerwartet begünstigt wurden seine Pläne dadurch, daß Albanien einen neuen König bekommen sollte, wofür nach langem Gerangel, an dem sich mehrere europäische Höfe beteiligten, der türkische Prinz Halim Etti auserkoren wurde, dem Otto Witte ja so erstaunlich ähnlich sah. Besser konnten die Karten nicht liegen, meinte »Prinz« Otto und versicherte sich noch des Beistands seines Freundes Arzim, der als schriftkundiger Adjutant mit von der Partie sein sollte. Prächtige Uniformen waren schnell aufgetrieben, und auf Umwegen zogen beide gen Tirana, vor dessen Toren sie mit großen Ehren von General Essad Pascha und anderen Würdenträgern empfangen wurden. An der Spitze einer Leibwache ritt der neue Herrscher in seine Hauptstadt ein, ließ sich krönen, mit Geschenken überhäufen, deren größtes wohl ein ganzer Harem war, gab rauschende Feste, zerriß ein Telegramm aus Konstantinopel, wonach der echte Prinz noch dort sei, ließ Offiziere, die an seiner Identität zweifelten, kurzerhand einsperren und sonnte sich ganze fünf Tage in seinem Ruhm als Monarch. Schließlich aber wurde ihm doch der Boden zu heiß unter den Füßen, zumal die türkische Niederlage absehbar war. Er suchte sein Heil erneut in der Flucht, diesmal in Richtung Heimat.

Die nächsten Jahre sahen ihn als Inhaber einer Obstplantage und einer Abdeckerei. Zwischenzeitlich kehrte er noch einmal in die Politik zurück und gründete eine »Fraktionslose Partei des Mittelstandes, der Bauern, Kleinhändler und Schausteller«, die 1930 immerhin 100.000 Mitglieder gehabt haben soll. Das viel-

Otto Witte (2.v.l.), Exkönig von Albanien, auf einem Rummel

leicht genialste Kunststück des Zauberers, Feuerfressers, Dompteurs, Geheimdienstoffiziers, Königs und Parteigründers bestand aber wohl darin, daß er es fertig brachte, in seinen Personalausweis die Bezeichnung »Ehemaliger König von Albanien« eintragen zu lassen. Was sind die Stories einschlägiger Abenteurer- und Agentenfilme gegen den Lebenslauf des Pankowers Otto Witte?

Da liegt es nun vor uns, eines der vielen Berliner Dörfer. Manches davon mag älter und in der Frühzeit wohl auch bedeutender gewesen sein als die Siedlung, die sie dann alle überflügelte und heute der ganzen Stadt ihren Namen gibt.

Wahrscheinlich war der nördliche Berliner Raum schon vor etwa 10.000 Jahren besiedelt. Auf jeden Fall wurden 1904 bei Ausschachtungen für den Krankenhausbau Buch an der Wiltbergstraße Urnenreste und Bronzegegenstände gefunden. Sechs Jahre später entdeckte man Reste eines Dorfes, das dort um 1.000 vor der Zeitrechnung gestanden haben muß. Und immer wieder, vor allem seit Beginn der systematischen Erkundung durch die Bodendenkmalpflege beim Märkischen Museum, werden neue Funde gemacht. Erst im Sommer 1991 konnte, ebenfalls in Buch, eine germanische Siedlung vom Beginn des 3. Jahrhunderts v.d.Z. freigelegt werden. Aus dem Raum Buchholz/Karow stammen eiserne Ohrringe und Gürtelhaken sowie eine mit menschlichen Gesichtern und Tiermasken geschmückte Gewandnadel. Slawische Siedlungen entstanden im 5. bis 6. Jahrhundert unserer Zeitrechnung, dazu gehörte ein Burgwall in Blankenburg. Übrigens erinnert daran die dortige Burgwallstraße. Das Dorf Pankow könnte etwa zwischen dem 7. und 9. Jahrhundert gegründet worden sein.

Erste amtliche Erwähnung hat Pankow jedenfalls in einer markgräflichen Urkunde von 1311 gefunden. Im oft zitierten Landbuch Karls IV. von 1375 lesen wir neben Pankow die Ortsnamen Buch, Karow, Buchholz, Niederschönhausen, Blankenfelde, Tegel, Dalldorf, Schildow ... Sie alle tauchen 1459 in der Matrikel des Bistums Brandenburg wieder auf, als sie der Propstei Bernau unterstellt wurden. In der ersten Hälfte des 12. Jahrhunderts waren deutsche Siedler nach Pankow gekommen; sie hatten wohl maßgeblichen Einfluß auf die Gestaltung des Ortes als Angerdorf, was ihm bis auf den heutigen Tag deutlich anzusehen ist. Am westlichen Ende des Angers lag der Dorfteich, fast an der Stelle, an der heute der Springbrunnen sprudelt. Den östlichen Abschluß bildete, ebenfalls wie heute, die Kirche, 1230 von Zisterzienser-Mönchen errichtet. Auch das ist nachweisbar auf Grund einer Anweisung auf 4 Hufen Land (nach heutiger Berechnung etwa 30 ha) zur Besoldung des Pfarrers. Der Feldsteinsockel des Ostteils der Kirche ist bis heute erhalten und somit das älteste Pankower Baudenkmal.

Auch manch anderes ist uns überkommen, so z.B. die wichtigsten Verkehrsverbindungen. Nach Berlin begab man sich schon damals über den Weg, der heute Mühlenstraße heißt, nach Charlottenburg über die nachmalige Wollankstraße. Nicht uninteressant scheint auch, daß im Mittelalter deutsche und slawische Siedler »einträchtig« miteinander lebten, derart einträchtig, daß die Slawen schließlich ihre Eigenständigkeit aufgeben und sich anpassen durften. Selbst ihre Namen blieben davon nicht verschont. Eine der ältesten Pankower Bauernfamilien erscheint in Dokumenten von 1355 noch mit dem Namen Duczek, wenig später als Duseke. Aber als einigermaßen ausgleichende Gerechtigkeit hat ihnen die Gemeinde mit der Dusekestraße ein bleibendes Denkmal gesetzt.

Mit Berlin war Pankow, obwohl »weit entfernt«, schon zu jener Zeit auf recht eigene Art verbunden. Als die Pest von 1348 auch Pankow nicht verschont hatte, verpfändete Markgraf Otto der Faule 20 Jahre später kurzerhand seine dortigen Rechte, die ihm nicht mehr genug einbrachten, an Berlin und Cölln. Der berüchtigte Dietrich von Quitzow plünderte 1410 die zu Berlin gehörenden Dörfer im Niederbarnim. Fast 130 Jahre später wiederum, 1539, verkaufte Kurfürst Joachim seinen Besitz in Pankow an seinen »lieben und getreuen Diener und Hofgesindt« Dominicus Blankenfelde, dessen Name uns ja auch erhalten blieb. Wir werden sicher noch mehrmals Gelegenheit haben zu kurzen Rückblenden in diese und die folgenden Jahrhunderte. Für jetzt vielleicht nur noch ein paar Sätze über den 30jährigen Krieg, den Pankow zwar nicht direkt erlebte, der jedoch auch hier seine Spuren hinterließ. Immer wieder hatten unsere Dörfer Quartiergeber für die Kaiserlichen unter Wallenstein, die Dänen und die Schweden zu sein und dabei schier unerträgliche Zahlungen zu leisten. Die Felder verödeten, der Bucher Pfarrer bezeichnete die Zeit von 1636 bis 1638 als Jammer-, Elends- und Hungerjahre. Berühmtester »Gast« Pankows war sicher

König Gustav Adolf, der hier auf dem Wege nach Spandau Station machte. Als 1648 endlich Friede war, hatte die Hälfte der Einwohner ihre Dörfer verlassen oder war umgekommen. Eine genaue Zahl läßt sich nur für Bernau, die Hauptstadt des Niederbarnim, feststellen, die noch ganze 25 Bürger zählte.

Da wir von der Wollankstraße her den alten Dorfkern erreicht haben, steht zunächst einmal – breit-hoch-unübersehbar – das Rathaus vor uns. Es entstand zu der Zeit, als die meisten Gemeinden rund um Berlin derart gewachsen waren, daß sie unbedingt auch größere Verwaltungszentren benötigten. Pankow war zu einem der beliebten Villenvororte geworden. Bankiers, Zeitungsverleger, Fabrikanten, Ärzte, Juweliere ließen sich hier nieder. Unter ihnen der Professor für Psychiatrie, Dr. Emanuel Mendel, der als Mitglied des Reichstages und des Gemeinderates Pankow maßgeblichen Einfluß auf den Bau des Krankenhauses in der Galenusstraße hatte. Auch mit ihren Sanatorien machte sich die Gemeinde einen Namen. Es entstanden um die Jahrhundertwende mehrere Heilstätten für Nervenkranke, damals unumwunden Irrenanstalten genannt. Und im Sommerhalbjahr pilgerten unzählige Ausflügler hierher. Häufig genug waren es mehr Gäste als Einwohner, obwohl der kleine Ort schon 21.500 Seelen zählte. Berlin jedoch platzte aus allen Nähten mit seinen 2.712.000 Einwohnern, die wenigstens am Sonntag dem Häusermeer entfliehen wollten. Gründe genug, ein Rathaus zu bauen, das auch dem Geltungsbewußtsein der Bürger Rechnung trug. Man war doch wer und hielt sich allerhand darauf zugute, nach Charlottenburg die steuerkräftigste Gemeinde in der Nachbarschaft Berlins zu sein. Und man hatte seit 10 Jahren Gaslaternen, seit 7 Jahren eine Wasserleitung. Konnte da Bürgermeister Richard Gottschalk weiter in dem unscheinbaren Gartenhäuschen in der Nähe der Kirche residieren?

Das Pankower Rathaus

Im Juli 1901 war Grundsteinlegung. Der Architekt Wilhelm Johow und der Maurermeister Malingriaux hatten sich beeilt; bereits am 22. April 1903 konnte die Einweihung festlich begangen werden.

Der wuchtig wirkende Turm mit der Aussichtsplattform war ursprünglich 50 m hoch. Da aber seine Spitze nach einem Sturm etwas eingeknickt war, mußte er 1910 um etwa zwei Drittel gekürzt werden. Die rote Backsteinfassade ist vom Stil her nicht so recht zu definieren, aber imposant. Über dem ausladenden Portal symbolisieren 4 Sandsteinfiguren die Bürgertugenden – Arbeit, Gerechtigkeit, Mildtätigkeit, Treue. Letztere wurde im zweiten Weltkrieg zerstört, ihr Platz blieb bis 1987 leer. Dann schuf der Berliner Bildhauer Jürgen Klimes eine Kopie. Ein Künstler, der sein Schaffen ganz in den Dienst der Pflege und Restaurierung der Werke alter Meister gestellt hat. Besonders bemerkenswerte Stücke von ihm sehen wir auf dem Zeughaus (die Marsgruppe), im Park von Sanssouci, in Rheinsberg und anderen Orten.

Durch ein prächtiges Foyer, erst vor wenigen Jahren restauriert, betritt man zwischen goldverzierten Säulen mit ebenfalls goldglänzenden Löwenköpfen die Eingangshalle, der sich ein weit ausladendes Treppenhaus anschließt. Ein Schmuckstück eigener Art ist das Jugendstil-Hochzeitszimmer des Standesamtes, gleich linkerhand im Parterre. Diese Arbeit des Berliner Stadtbaurates Ludwig Hoffmann wurde beim Abriß der alten Häuser auf der Berliner Fischerinsel geborgen. Die Ölbilder stammen vom Maler Ludwig Hoffmann, die Holzbildhauerarbeiten von Ernst Westphal. Seit das Zimmer im Mai 1979 seine neue Bestimmung fand, erfreut es sich zunehmender Beliebtheit bei den heiratswilligen Pankowern. Kaum weniger beliebt seit 1964 sind die Rathauskonzerte. Jeweils etwa 100 Musikfreunde erlebten bereits über 300 solcher Veranstaltungen im holzgetäfelten, würdevollen Ratssaal.

Als das Rathaus 1903 bezogen wurde, bot es noch aus-

Die Breite Straße um die Jahrhundertwende

reichend Platz, auch für eine Bürgermeisterwohnung. Das sollte sich aber bald ändern, und so war 1927/29 ein Anbau zur Neuen Schönholzer Straße hin fällig. Eine schlichte Fassade, die sich auf angenehme Weise dem alten, unter Denkmalschutz gestellten Bau, anschließt. Wenn nötig, nehmen wir im Ratskeller eine kleine Erfrischung und gehen dann die Breite Straße entlang. Obwohl wir an der Ecke Mühlenstraße erst einmal einem Neubau mit Geschäften im Erdgeschoß und einer eigenwillig gestalteten Sonnenuhr am Giebel begegnen, kann sie doch den dörflichen Charakter nicht leugnen. Pankow war eben ein Angerdorf. In der Mitte der weithin bekannte und geschätzte Wochenmarkt, auf dem man vom frischen Gemüse über Blumen und Geschirr bis hin zum Hosenknopf fast alles erwerben kann. Märkte haben immer ihr eigenes Fluidum. Dieser schon deshalb, weil er auf ein beachtliches Alter zurückblicken kann. Seit 1857 wird hier gehan-

Die Alte Pfarrkirche

delt. Für die Sommerfrischler und Ausflügler war es schwierig geworden, sich mit Lebensmitteln und anderen Waren zu versorgen. Die Pferdebahn- und -busunternehmer weigerten sich, Dienstmädchen mit schwer bepackten Körben zu befördern. Findige Bauern, Gärtner und Händler verfielen also auf den Ausweg, das Nötige direkt am Ort anzubieten. Dabei ist es bis heute geblieben, wenngleich die ursprünglichen Gründe entfallen sind. Viele Bewohner halten ihrem Markt die Treue und nehmen dafür sogar weitere Wege in Kauf.

Wer sich jetzt ins Marktgetümmel stürzt, ahnt natürlich kaum, daß hier, mitten auf der Dorfaue, noch bis 1890 die einzige Schule der Gemeinde stand. Daneben das Spritzenhaus mit 5 Gefängniszellen. Traditionsgemäß ebenfalls auf dem Anger die Dorfkirche »Zu den vier Evangelisten«, von der wir ja schon einiges erfahren haben. Im Laufe der Jahrhunderte wurde sie mehrmals umgebaut, im wesentlichen ist sie nach der Erweiterung um ein Langhaus 1857 (Entwurf von Friedrich August Stüler) und der Errichtung der beiden Türme bis jetzt so erhalten geblieben. Auch Reste einiger Grabsteine auf dem ehemaligen Kirchhof sind noch zu sehen. Im Innern ein bemerkenswerter Taufstein aus dem 15. Jahrhundert und seit 1962 ein »Coventry-Kreuz«, gefertigt aus Eisenteilen der im 2. Weltkrieg 1940 zerstörten Kathedrale der mittelenglischen Stadt Coventry. Der Feldsteinsockel aus der ersten Hälfte des 13. Jahrhunderts umschließt heute den Chor. Ihm zur Seite eines der ältesten Naturdenkmale, eine Hängebuche, die mit ihrem gleichmäßig runden Wuchs immer wieder bewundernde Blicke auf sich zieht. Selbst die ältesten Pankower wissen zu berichten, daß sie diesen Baum schon in ihrer Jugend als Regenschirm zu schätzen wußten. Fachleute veranschlagen ihn auf 85 bis 90 Jahre. Auf der Südseite das ehemalige Pfarrhaus, Anfang dieses Jahrhunderts anstelle seines Vorgängers von 1750 erbaut. Heute Sitz der Superintendentur.

Daneben, ein Stück zurück in Richtung Rathaus, auf dem Gelände der Kaufhalle bis hin zum Jugendklub, standen zu verschiedenen Zeiten bedeutende Gasthäuser. Der »Alte Krug« und der »Schwarze Adler« hießen sie um 1900. Im »Adler« übernachtete Theodor Fontane (dessen Großvater, Pierre Barthélemy Fontane, in Niederschönhausen lebte, als Zeichenlehrer königlicher Prinzen, später als Schloßkastellan) auf der »Reise« nach Buch.

Keinen geringeren Gast als Friedrich II. hat die Legende dem Logierhaus zugeschrieben, das im 17. Jahrhundert den Platz der »Bleichröderschen Villa«, des späteren Konzerthauses und jetzigen Jugendklubs einnahm. Der große Friedrich soll hier genächtigt haben, wenn er seiner Gattin Elisabeth Christine zu deren Geburtstag Besuche im Schloß Niederschönhausen abstattete.

Der Wahrheit sowie der Gegenwart wesentlich näher sind wir, wenn wir jetzt zur Kreuzung Breite Straße/Berliner-Ossietzkystraße gehen. Da ist die Adler-Apotheke an genau der Stelle, an der sie 1827 vom Apotheker Jaeckel gegründet wurde, allerdings in einem winzigen Häuschen. Bis dahin mußte Medizin mühsam aus Berlin geholt werden. 1891 wurde das neue Eckhaus gebaut, kürzlich restauriert. Übrigens gab es erst 60 Jahre nach Jaeckels Gründung eine zweite Apotheke im Gebiet des heutigen Bezirks Pankow, in Buchholz.

Auf der anderen Seite der Kreuzung kommt uns die Erinnerung an eine noch vor wenigen Jahrzehnten bekannte Honigsorte. Wo jetzt ein kleines Café zum Verweilen einlädt und die Galerie Pankow ihr neues Domizil gefunden hat, hatte um 1900 ein Förster den Gasthof »Gühlers Bienengarten« errichtet. Er bot seinen Gästen unter anderem das Produkt seiner Bienenzucht an. Rechts von dieser Stelle mündet eine schmale Straße, die dem Autofahrer noch am ehesten einen sonst vergeblich gesuchten Parkplatz bietet, die Eintrachtstraße. 1905 begann der Bau der dortigen Häuser mit einem heftigen Streit um die Aufträge. Als sich schließlich die beteiligten Firmen doch geeinigt hatten, wollte man diesen Erfolg auch im Namen der Straße verewigt wissen.

Weiter geht es die Breite Straße entlang. Auf ihrer Südseite das Haus Nr. 43a. Im Erdgeschoß hat sich eine findige Gastwirtin die Historie zunutze gemacht und vor kurzem das Restaurant »Pankgräfin« eröffnet. Im Obergeschoß – wie schon erwähnt – die Bezirkschronik. Vorbei am ehemaligen Kulturhaus, dessen künftige Nutzung noch nicht entschieden ist, gelangen wir zu einem ganz besonderen Kleinod. Ein eingeschossiges Barockgebäude, 1750 erstmals als Kavalierhaus erwähnt, nach anderer Quelle aber erst 1763 in seiner jetzigen Form erbaut. 1865 kaufte es der Schokoladenfabrikant Theodor Hildebrandt, dessen Familie es lange Zeit als Sommervilla nutzte. Von 1953–1989 war ein Schulhort darin untergebracht, was dem Haus, auch nach außen sichtbar, nicht gut bekam. Noch ist seine Zukunft unklar. Jedenfalls soll es zunächst umfassend restauriert werden. Als erstes wurden die beiderseits der Sandsteintreppe mit der Rokokotür postierten vier Putten in eine Werkstatt gegeben. Diese allegorischen Figuren, entstanden um 1700, werden dem Dresdner Hofbildhauer Gottfried Knöffler zugeschrieben. Sie stellen die vier Temperamente dar – Sanguiniker – Phlegmatiker – Melancholiker – Choleriker. Wenn sich die weit verbreitete Hoffnung erfüllt und das Kavalierhaus, kulturell genutzt, der Öffentlichkeit zugänglich wird, werden sicher zahlreiche Besucher auch sein Inneres mit Freude betrachten.

So mit Gedanken beschäftigt, ob und mit wessen Hilfe dieses Schmuckstück der Nachwelt erhalten wird, gehen wir vorbei am Grundstück Nr. 46/47, das unzählige Pankower, vor allem Pankowerinnen, mit ganz anderer Vorfreude betreten. Es ist die »Klinik für Geburtshilfe und Gynäkologie – Maria Heimsuchung«. Im April 1928 von katholischen Ordensschwestern als Heimstatt für ledige

Restaurant »Zur Pankgräfin«

junge Mütter gegründet, gehört die Einrichtung heute der »Caritas-Krankenhilfe Berlin e.V.«. Seit der Einweihung vor 64 Jahren sind dort mehr als 100.000 Berlin-Pankower zur Welt gekommen, fast die heutige Einwohnerzahl, und die Möglichkeiten der Klinik werden sich mit dem Neubau im Hinterland des Geländes noch bedeutend erweitern.

Mit Wehmut, weil, wie so vieles in der Umgebung, dringend restaurierungsbedürftig, betrachten wir gegenüber den Amalienpark. Eine doppelläufige Straße, die eine kleine, recht anmutig wirkende Anlage umschließt. Sie wurde 1895 von den uns bereits bekannten Wilhelm Schulze, Heinrich Görsch, Fritz Steeger und Fritz Heyn erworben. Zwei Jahre später konnte Baurat Otto March hier seinen Plan verwirklichen, weg vom üblichen Stil, eine in sich geschlossene Wohnanlage zu errichten. Er baute die Häuser so, daß die gegenüberstehenden gleichartig sind. Trotz einiger Veränderungen in fast 100 Jahren ist das noch immer sichtbar. Benannt wurde der Amalienpark nach der Schwester Friedrichs II.

Und damit sind wir nun am Ende der Breiten Straße angelangt, die hier übergeht in die Damerowstraße. Ihr Name erinnert an einen Landwirt und Gemeindevertreter, dem ein Großteil des Geländes gehörte, auf dem in den 90er Jahren der große Rangierbahnhof Pankow-Heinersdorf angelegt wurde. Wir erfuhren schon am Beginn unserer Spaziergänge, daß seit 1901 in der Damerowstraße der zweite Pankower Straßenbahnhof stand. 1930 wurde er stillgelegt, 1936 an der Straßenfront ein Wohnblock gebaut. Neugierig gehen wir in dessen Mitte durch die Toreinfahrt und – tatsächlich – die Hallen des Straßenbahndepots stehen noch, gehören zum Werkgelände der Firma Niles-Preßluftwerkzeuge.

Zurück zur Berliner Straße, die ja im vorigen Jahrhundert nicht nur Berliner Weg hieß, sondern auch ein solcher war, so schmal, daß man sich von einer Seite zur anderen

Der Amalienpark

die Hand geben konnte. Auf der Freifläche mit dem lustigen Tröpfelbrunnen – Kinder an einem Klettergerüst, aus dem unentwegt Wasser tröpfelt – und dem bunten Markttreiben auf dem Wandgemälde des Giebels, stand dereinst ein Haus. Da reichte es man gerade zur Passage herrschaftlicher Kutschen. Der eigentliche Verkehr ging ohnehin über den Mühlenweg, wie gegenwärtig wieder. Das aber hat seine Ursache in Pankows ewiger U-Bahn-Baustelle. »Ewig« ist kaum übertrieben, wie wir bald feststellen werden. Schon an der Ecke Schulstraße stoßen wir darauf. Das Haus Berliner Straße 7, in dem noch 1887 die »Neue Vorortzeitung« herausgegeben wurde, ging 1926 in den Besitz der Stadt Berlin über. Das Gelände war damals vorgesehen für den U-Bahn-Bau. Bei dem fortwährenden Hin und Her um die Strecke ist das längst vergessen. Beim Hauptpostamt, das nun ins Blickfeld kommt, gerät man in Versuchung, die gleichen Worte zu gebrauchen wie beim Rathaus: Breit, hoch, unübersehbar. 1923 wurde es vom Architekten Carl Schmidt erbaut. Ihm gegenüber mündet die Hadlichstraße, benannt nach dem Pankower Arzt Heinrich Julius Hadlich (1844–1889), der sich als Vorsitzender des Bürgervereins große Verdienste um die Gemeinde erwarb, als da sind Entwicklung der Kanalisation, Pflasterung von Straßen, Einrichtung einer Bibliothek u.v.a.. Die Mittel dafür wurden durch öffentliche Konzerte und Theateraufführungen erbracht.

Ohne in Verdacht zu geraten, jemand verleiten zu wollen, sollten wir hier auf eine Zigarettenlänge verharren. Die Fabrik im Bereich der beiden Straßen verführt dazu. Es ist die »Berliner Zigarettenfabrik«, 1881 von Josef Garbaty-Rosenthal gegründet, 1906 zur Hadlichstraße verlegt, wo der Pankower Architekt Paul Ueberholz die beiden ersten Gebäude gebaut hatte. Die repräsentative Sichtfront zur Berliner Straße fügte der Hamburger Architekt Hoeger hinzu. Es war zu jener Zeit das größte Unternehmen in Pankow und galt wegen der sozialen Fürsorge für seine Arbeiterinnen und Arbeiter als vorbildlich. Josef Garbaty verstarb im Juni 1939 und ist auf dem jüdischen Friedhof in Weißensee beigesetzt. Seine Söhne emigrierten nach Amerika.

In dieser Fabrik wurde die Marke »Königin von Saba«, im Volksmund »Königin von Pankow« genannt, gefertigt. Um diese Zigarette soll sich, wie ältere Berliner gern erzählen, eine hübsche Geschichte aus der Frühzeit der Werbung zugetragen haben. Die Konkurrenz »Josetti« ließ Plakate kleben mit der Aufschrift »Berlin raucht Juno«. Tage später sollen darunter Plakate gesichtet worden sein mit dem gleich großen Text »Wenn Königin von Saba nicht zu haben ist ...« und – um einem möglichen Rechtsstreit vorzubeugen – in wesentlich kleinerem Schriftgrad: »... ärgert sich jeder Raucher.« Ob die Geschichte wahr ist oder nicht, es verhält sich mit ihr wie mit Anekdoten. Wenn sie sich zugetragen haben könnten, sind sie schon gut. Ansonsten besaß die Fabrik eine wertvolle Sammlung von Raucherutensilien, deren gerettete Reste 1945 vom Märkischen Museum und von der Pankower Stadtbezirkschronik übernommen wurden.

In zwei bis drei Minuten gelangen wir zur parallel mit der Berliner Straße verlaufenden Grunowstraße, deren Existenz und Name einem alteingesessenen Bauern des vorigen Jahrhunderts zu danken ist. Dominierend hier das Gesundheitshaus, 1926/28 von Carl Schmidt (s. Postamt) als dreigeschossiger Klinkerbau errichtet. Der vorherrschende Schwemmsand erforderte im Fundament das Einrammen von 424 Pfählen. An der Fassade drei Sandsteinfiguren. In der Mitte der Arzt mit dem Äskulapstab, flankiert von zwei weiblichen Figuren, die offenbar die Krankenpflege symbolisieren. Das Haus beherbergt nach wie vor Einrichtungen des Gesundheitswesens. Ebenfalls in der Grunowstraße, auf einem Areal bis zur Schulstraße, die Feuerwache Pankow und eine 1903/04 gebaute Schule, im Gegensatz zum »Renaissance«-Gymnasium an der Görschstraße unscheinbar schmucklos.

An ihren recht großen Hof nebst Sportplatz schließt sich zur Florastraße, die hier beginnt, eine nette kleine Grünanlage mit Hochbeeten, Springbrunnen und Sitzgruppen an. Davon ist allerdings seit knapp zwei Jahren kaum noch etwas zu ahnen, geschweige denn zu sehen. Dicht an dicht stehen jetzt die Verkaufsstände eines Marktes, der in der Bevölkerung sehr umstritten ist. Einerseits ist das Straßenbild verdorben, andererseits kann man, aus dem Bahnhof kommend, unkompliziert seinen täglichen Bedarf decken. Wer umgekehrt zur S-Bahn will, darf es nicht eilig haben. Hat er sich durch den Markt hindurchgewunden, steht er am Fahrdamm der Florastraße vor einer weiteren Hürde, denn die Straße hat sich zu einer Verkehrsader allerererster Güte entwickelt.

Und dann das Bahnhofsgebäude. Man sollte sich ruhig die Zeit nehmen, es ausgiebig zu betrachten. Ein roter

Ziegelbau auf grob behauenen Sandsteinblöcken, mit Ornamenten beiderseits und oberhalb der Türen. Dazu kleine Tierplastiken. Deutlich zu erkennen Eichhörnchen und Specht. Nach dringend erforderlicher Reinigung und sorgfältiger Instandsetzung kämen sicher auch die anderen Tiere, ebenso wie die ursprüngliche Färbung, wieder »zu Ansehen«. Es bleibt nur zu hoffen, daß niemand auf die Idee kommt, das Gebäude durch einen modernen Bau zu ersetzen, wie an der Schönhauser Allee geschehen. Ein Stück Verkehrsbau-Historie stünde hier auf dem Spiel. In seiner jetzigen Form wurde der Bahnhof, wie alle Stationen an der Strecke bis Buch, im Zeitraum von 1908 bis 1916 erbaut.

Sein Vorgänger befand sich auf der anderen Seite der Gleise, mit dem Ausgang zur Berliner Straße. Er war 1880 entstanden, nachdem seit 1843 die sogenannte Stettiner Bahn noch ohne Halt durchfuhr. Im Gegenteil: Die Kutschen und Fuhrwerke mußten halten, da die Strecke noch zu ebener Erde verlief. Erst 1892 wurde der Bahndamm aufgeschüttet, und die Brücke entstand mit dem ebenso schmalen Durchlaß wie heute. Übrigens gibt es seit 1880 auch den Bahnhof Wollankstraße an der Nordbahn. Das ist aber nicht die einzige Bindung beider Strecken zueinander. Nach langen, ausgiebigen Versuchen wurde am 8. August 1924 der elektrische Zugbetrieb zwischen dem Stettiner Bahnhof und Bernau aufgenommen. 28 Minuten benötigte der Zug. Dieser ersten elektrifizierten Strecke folgte unmittelbar die Nordbahn.

Unter der Brücke hindurch betreten wir Pankow-Süd, das sich bis zur Prenzlauer Promenade und der Wisbyerstraße ausdehnt. Die Erschließung dieses Gebietes begann erst um 1890. In diesem Jahr, es war im Juli, hatte Pankow das 10. Deutsche Bundesschießen auszurichten. Als Festplatz waren die Wollankschen Felder zwischen Berliner Straße und Prenzlauer Chaussee ausersehen. Schießstände, eine gewaltige Halle und eine ausgedehnte

Festwiese konnten noch ohne räumliche Probleme eingerichtet bzw. gebaut werden. Platz gab es genug, Regen übrigens auch, wie wir aus zeitgenössischen Berichten erfahren. Aber, um auf die Erschließung zurückzukommen, selbst als die katholische Kirche St. Georg am heutigen Kissingenplatz und die evangelische Hoffnungskirche an der Elsa-Brändström-Straße 1910 bzw. 1913 bereits standen, war um sie herum noch weitgehend freies Feld. Hier wurde erst nach dem Ersten Weltkrieg gebaut. Die jetzigen Wohngebiete sind verhältnismäßig leicht zu kennzeichnen, auch nach ihren Straßennamen. Es sind dies das Kissingenviertel, das Tiroler Viertel und das Trelleborger Viertel. Natürlich gibt es bei den Straßen auch einige Ausnahmen, zu denen die Neumannstraße gehört, benannt nach dem Fleischermeister Friedrich Neumann, der 1871 bis 1890 Gemeindevorsteher für den Amtsbezirk Pankow mit Niederschönhausen und Schönholz war. Er war auch Mitbegründer der Freiwilligen Feuerwehr des Ortes. Im Tiroler Viertel wurde auf dem Andreas-Hofer-Platz nach 1949 aus Schutt ein Hügel aufgeschüttet, der vor allem bei den Kindern der Umgebung in seltenen Winterzeiten zum Rodeln beliebte »Brennerberg«.

Doch bleiben wir in der Berliner Straße, in der wir, unübersehbar – jedenfalls noch im Frühjahr 1992 – vor der »ewigen U-Bahn-Baustelle« stehen. Ein paar Worte zunächst zur Geschichte der Strecke. 1913 war sie bis zum Bahnhof Nordring (Schönhauser Allee) vorangetrieben worden, wie bekannt als Hochbahn. Schon damals gab es Hoffnungen, Pläne, Forderungen der Pankower. Bürgermeister Richard Gottschalk hatte die Bahngesellschaft ersucht, bis in seinen Ort hinein zu bauen. Es dauerte bis 1930. Dann endlich war die Verlängerung zur Vinetastraße fertig. Wieder hofften die Pankower, denn die Weiterführung bis zur Breiten Straße war immerhin genehmigt. Aber es wurde nichts daraus. Anfang der 80er Jahre wurde der Bahnhof Vinetastraße grundlegend renoviert und als er fertig war, »auseinandergenommen«. Optimisten dachten, diese Art Schildbürgerstreich so auslegen zu können, als würde nun endlich die Strecke verlängert. Auch das war ein Irrtum. Es hatte sich lediglich herausgestellt, daß die Abdichtung des ganzen Geländes höchst unvollkommen war; es mußte isoliert werden. Aber dann, 1988, ging es los. Die Straßenbahn mußte weichen, der Graben wurde ausgebaggert. Jedoch neuerliche Enttäuschung für Pankow: lediglich eine Zuführung zu einem neuen Bahnbetriebswerk an der Granitzstraße, auf dem Gelände des Güterbahnhofs der Reichsbahn, sollte entstehen. Ende 1992 wird der Tunnel wohl geschlossen sein, aber der Streckenvortrieb bis Pankow-Kirche ...?

Übrigens, seit hier gebuddelt wird, geht der Straßenverkehr über die Mühlenstraße, und alle hoffen, daß es dabei bleibt. Nicht nur, weil vielleicht doch noch die U-Bahn gebaut werden könnte, sondern auch, weil die Berliner Straße den Fahrzeugstrom zumindest unter der schmalen Brücke, und von da bis zur Kirche, kaum verkraften könnte. Nun wird ja die U-Bahn auf der alten Linie A, nunmehr der 2, über Potsdamer Platz, Gleisdreieck, wie vor der Spaltung bis Krumme Lanke fahren. Wann in der Gegenrichtung vielleicht sogar bis Niederschönhausen?

Einem Tip sollten wir noch Folge leisten und dem laut Volksmund »eisernen Fahrgast«, den das alles nicht anficht, auf dem Bahnhof Vinetastraße einen Besuch abstatten. Selbst eilige Passanten sagen dieser 1987 aufgestellten Bronzeplastik von Rolf Biebl manchmal Guten Tag.

Als die Bilder laufen lernten

In der Berliner Straße gedenken wir auch des zweiten der großen Pankower Erfinder, Max Skladanowsky, der die Bilder das Laufen lehrte, dessen »Bioskop« dem Kino den Weg ebnete. Er hatte sich schon vorher einen Namen gemacht als Schausteller mit farbenprächtigen Wasserspielen und illusionistischen Bildern, sich dann aber in seinem Haus an der Ecke der Maximilianstraße ganz seiner neuen Idee hingegeben. Alle dazu nötigen Apparate konstruierte und baute er selbst. Nach unzähligen Versuchen war es dann 1895 soweit. In der Gastwirtschaft »Feldschlößchen«, dort, wo heute das Filmtheater »Tivoli« steht, gab er die ersten Probevorführungen. Einer der Gäste war der Direktor des Wintergarten-Varietés, der ihn ab 1. November 1895 engagierte. Zu den Darstellern der Filme gehörten Artisten, so auch »Mister Delaware mit seinem boxenden Känguruh«. Die Berliner waren begeistert, die Zeitungen überschlugen sich förmlich. Im selben Jahr ,beinahe auf den Tag genau, eröffneten in Paris die Brüder Auguste und Louis Lumière ihr Kinematographen-Theater. Wie sich die Bilder glichen. Die beiden Franzosen hatten, auf den Forschungen des Amerikaners Edison fußend, ebenfalls die laufenden Bilder erfunden. Im Gegensatz zum »selfmademan« Skladanowsky jedoch mit großer technischer Hilfe. Aber wie dem auch sei, die Zeit war offenbar reif für diese Neuerung, und somit dürfte auch die Frage überflüssig sein, wer denn nun der Erste war. Zu Ehren des berühmten Pankowers, der 1939 im Alter von 76 Jahren verstarb und auf dem Niederschönhausener Friedhof an der Buchholzer Straße beigesetzt ist, wurden 1951 eine Straße – ebenfalls in Niederschönhausen – und 1991 ein Gedenksaal im Filmtheater »Tivoli« benannt.

Im Dreieck Berliner-/Mühlenstraße erfreuen wir uns am Anblick der Grünanlage zwischen Masuren- und Samländischer Straße und nähern uns dem Bereich, der einst die streng gehütete und teure Grenze zwischen Berlin und Pankow bildete. In der Höhe Eschengraben/Thulestraße stand bis etwa 1880 das Chausseehaus. Ein Schlagbaum öffnete sich erst, wenn für jedes Fahrzeug der Wegezoll gezahlt war. Sehr zum Leidwesen der Kutscher, denn die hatten trotz ihrer Abgaben mit den Tücken dieses Landweges zu kämpfen. Laut Bericht einer Zeitung fielen »die

Das ehemalige Zollhaus in der Berliner Straße

Räder alle fünf Minuten in kaum notdürftig geflickte Löcher«. Das gab es also damals auch schon.

Auf der anderen Seite war das Zollhaus. Alle geschlachteten oder gemahlenen Güter mußten hier versteuert werden. Was machten die gewitzten Berliner, wenn sie auf der Reise nach Pankow zur Kasse gebeten wurden? Sie verteilten das Mitgeführte sorgfältig, auch auf die Kinder, denn gewisse Mengen pro Person waren zollfrei. Auch das kommt uns irgendwie bekannt vor. Das Zollhaus steht heute noch, wenn auch – nach baulichen Veränderungen – nicht mehr als solches zu erkennen. Es wurde in die Anlagen der 1880 von Emil Willner gegründeten Weißbierbrauerei einbezogen. Heute ist das Vorderhaus als Gaststätte genutzt, mit dem beliebten »Schultheiß-Garten« an der Berliner Straße, mit Blick auf die im Tunnel verschwindende Hochbahn. Der Brauer Willner hatte übrigens eine besonders originelle Art der doppelten Buchführung. Jeder Schankwirt und die Bierkutscher bekamen je einen Holzstock, in den sie für jedes gelieferte Faß Bier eine Kerbe schneiden mußten. Bei der Abrechnung sollte dann ganz einfach die Zahl der Kerben übereinstimmen.

Mit dem Begriff »Weißbier« haben wir auch gleich einen Vorgriff auf die später zu betrachtende Ansiedlung der Hugenotten getan, die dieses erfrischende Getränk wahrscheinlich aus ihrer französischen Heimat mitbrachten, jedenfalls ist es im »Edikt von Potsdam« bereits erwähnt. Die schmale, unscheinbare Straße neben der Brauerei heißt nicht zufällig Eschengraben. Da floß tatsächlich mal ein Rinnsal dieses Namens. Es wurde während der Erschließung des gesamten Gebietes in Rohre gezwängt – »eingerohrt« – und nimmt so seinen Weg bis zur Mündung in die Panke an der Gottschalkstraße im Bezirk Wedding. Auf einem der Nachbargrundstücke soll sich kurz vor der Jahrhundertwende eine Geschichte zugetragen haben, die des Erzählens wert scheint.

Der Besitzer eines erst kurz zuvor errichteten zweistöckigen Hauses war aus nicht überliefertem Grund für längere Zeit nach Italien gereist. Eines schönen Tages nun machten sich mehrere Männer, offenbar Bauleute, emsig an dem Haus zu schaffen. Sie trugen es sorgfältig ab, putzten jeden Stein sauber, wie wenn sie ihn wieder verwenden wollten. Als einige Anwohner, stutzig geworden, fragten, was das ganze auf sich habe, erhielten sie zur Antwort, der Besitzer werde nicht zurückkehren und habe sein Anwesen deshalb auf Abriß verkauft. Niemand zweifelte an dieser Version, und so wurde denn alles ordentlich verladen und abgefahren. Mit einiger Phantasie kann man sich ausmalen, wie dem Eigentümer zumute war, als er einige Zeit später vor dem leeren Grundstück stand. Trotz intensiver Bemühungen soll es nie gelungen sein, diesen spektakulären Diebstahl aufzuklären.

Im ganzen vom S-Bahnhof bis zur Wisbyerstraße durchstreiften Pankow-Süd sind noch mehrere Beispiele des

Reformwohnungsbaus zu sehen, wie er sich um 1930 entwickelte. Die Architekten Mebes, Emmerich und Gutkind wirkten hier. Von letzterem stammt der drei- bis viergeschossige Wohnblock an der Thulestraße zwischen Tal- und Hardangerstraße 1926 errichtet, mit großem Innenhof. Diese Bauten sollten wegführen von den in Berlin üblichen Mietskasernen mit ihren Hinterhäusern. Ähnliche Anlagen finden wir unter anderem im Kissingenviertel, in der Neumann- und Stubnitzstraße. Wie immer man sie heute beurteilen mag, sind sie doch interessante Zeugnisse des Versuchs, zu ihrer Zeit menschenwürdige Wohnverhältnisse zu schaffen. Festhalten wollen wir auch, daß es zwischen der Neumannstraße und der Prenzlauer Promenade noch Anfang der 70er Jahre ausgedehnte Kleingartensiedlungen gab, die dann Neubauten weichen mußten.

Mit einer der Straßenbahnen, die von der Schönhauser Allee kommen, fahren wir zurück ins »Dorf« bis zum Rathaus und begeben uns anschließend in die weithin gerühmten Parks von Pankow.

Die Sumpfzypresse im Bürgerpark

Zweiter Spaziergang

Bürgerpark, Schloßpark und drumherum

Für nicht wenige Weddinger oder Reinickendorfer war seit dem Winter 89/90 der Bürgerpark Ziel eines Sonntagsausflugs. Verständlich, wenn man um die Schönheiten dieses Gartens weiß und berücksichtigt, daß es nun auch wieder so einfach geworden ist, dorthin zu gelangen. Meist werden sie den Weg genommen haben, den wir auch wählen, durch die Wilhelm-Kuhr-Straße und das schon weithin sichtbare herrliche alte Tor. Aber bevor es soweit ist, wollen wir noch ein Weilchen in der Straße verharren, die einst Spandauer Straße hieß, dieweil hier die Tour nach Spandau ihren Anfang nahm, und uns mit der nachhaltigen Wirkung der Erfindung eines Pankowers befassen.

Warmer statt kalter Kaffee

In dieser Straße hatte der aus einer Glasmacherfamilie stammende Reinhold Burger seine Werkstatt, dessen Interesse offenbar immer auf Neues, noch nicht Dagewesenes gerichtet war. Er entwickelte z.B. um die Jahrhundertwende in enger Zusammenarbeit mit Wissenschaftlern, darunter einem Mitarbeiter von Conrad Röntgen, die ersten Röntgenröhren. Seine berühmteste Entdeckung jedoch war mehr einem Zufall zu danken als intensiver Forschung. 1903 hatte er den Auftrag übernommen, ein Gefäß zur Aufbewahrung flüssiger Luft herzustellen, das deren extrem niedrige Temperatur halten sollte. Burger konstruierte eine silberbespiegelte Hohlkugel, zwischen deren Doppelwänden ein luftleerer Raum war. Selbstverständlich machte er eine Qualitätsprobe und zwar im Gegensatz zum beabsichtigten kalten Füllgut mit kochendem Wasser. Ergebnis: Das Wasser blieb lange Zeit heiß. Folgerichtig meinte er nun, das müsse doch auch mit seinem Frühstückskaffee gehen. Es ging. Am Abend war der Kaffee noch wie frisch. Das Prinzip der Thermosflasche war entdeckt. Da die Kugelform nicht recht praktisch war, streckte Burger sie zur Röhre und umkleidete sie – zum besseren Transportieren – mit einer Blechkanne. Auch den Namen gab er ihr, wohl in Anlehnung an jenes »Tor der warmen Quellen« im antiken Griechenland. Umgehend meldete er seine Erfindung zum Patent an. Die ersten Kunden sollen übrigens neben Fabrikarbeitern Jäger und Ballonfahrer gewesen sein. Wenn auch heute die Phantasie von Designern und Produzenten zu vielfältigen Formen solcher Thermosbehälter geführt hat, die Grundidee ist erhalten geblieben. Reinhold Burger folgte später einer Einladung in die USA, wo er an der Einrichtung einer Fabrik für Thermosflaschen beteiligt war, kehrte aber bald in seine heimatliche Werkstatt zurück, in der er bis zu seinem Tode 1954 arbeitete und forschte. Er wurde, ebenso wie sein Pankower Erfinderkollege Paul Nipkow, auf dem Friedhof III an der Schönholzer Heide beigesetzt.

Sehen wir uns nach links an der Ecke Kreuzstraße die gerade wiederhergestellte Fassade des Gründerzeithauses mit ihren prächtigen Schmuckelementen an, erfreuen uns daneben am Schaukasten einer der ältesten Tanzschulen, viele Jahrzehnte unter dem Namen Schmitt-Hutten bekannt, bis heute in der Familie geblieben, und betreten dann gegenüber die kleine stille Grünanlage. Wir sind auf dem ehemaligen 1. Pankower Gemeindefriedhof. Nur wenige Grabsteine sind erhalten, noch weniger sind es, deren Inschrift man entziffern kann, z.B. die der Familien Steeger und Schulze. Direkt an der Straße ein Grabmal in

Der ehemalige Friedhof in der Kreuzstraße

Form eines kleinen Mausoleums mit der Inschrift »Killisch von Horn«. Dieser Name gehört bereits zur Historie des Parks, den wir nun durchqueren wollen.

Ein beliebtes Fotomotiv, dieses um 1860 entstandene Tor, nach – wie es heißt – italienischem Vorbild. Daneben das bei weitem nicht so gut erhaltene ehemalige Kastellanhaus. Ist der wirksame Bau mit seinen schmiedeeisernen Gittern nun spätklassizistisch zu nennen oder eklektizistisch? Mögen sich Fachleute darüber den Kopf zerbrechen, der normale Bürger, der seinen Bürgerpark besucht, wird ihn einfach schön finden. Weithin schweift der Blick, vorbei an der großen Fontäne über die großzügig angelegte Wiese mit einigen Objekten moderner Künstler, die zum Grübeln oder auch zum Nachdenken anregen. Jedenfalls geben sie dem Gelände einen eigenen Reiz. Was man auch, obwohl mit anderen Voraussetzungen, von der kleinen Parkbibliothek am Rande der Wiese sagen kann. Seit nunmehr 37 Jahren arbeitet dieser Ableger der Pankower Caragiale-Bibliothek den Lesehungrigen jeweils von Mai bis September Unterhaltung, Spannung, Belehrung in einmaliger Umgebung. Man kann hier nicht nur Bücher ausleihen, sondern auch gleich einen Campingstuhl nebst Tisch und Sonnenschirm dazu. 1991 waren etwa 5.000 Bücher im Angebot, eine schöne Auswahlmöglichkeit für täglich bis zu 150 Interessenten. Schafft man ein Buch nicht an einem Tag, wird es, mit Lesezeichen versehen, in einem Reservierregal für den Kunden aufbewahrt. Häufig sieht man unter den Lesenden ältere Menschen aus dem nahegelegenen Seniorenheim, die allerdings auch gern das Park-Café auf der anderen Seite der Rasenfläche besuchen.

Dort betrachten wir das Denkmal für Heinrich Mann, eine 1954 von Gustav Seitz geschaffene Plastik, und gehen dann in westlicher Richtung den Hügel hinauf, von dem eine Brücke zu einer weiteren Erhebung führt.

Unter uns ein Tiergehege mit jeweils wechselnden Bewohnern. Heute sind es vorwiegend Bergziegen, die diesen ehemaligen Teich bevölkern. Weiter hinten die kleine Fasanerie mit zum Teil recht alten Gebäuden. Wir erfahren, daß hier noch bis in die fünfziger Jahre Pferdeställe waren und daß der alte, etwas brüchige Turm wohl schon immer ein Taubenturm war. Und dann begegnet uns endlich die Panke. Ruhig fließt sie dahin, als könne sie kein Wässerchen trüben und sei nie ein reißender Fluß gewesen, der einstmals den eigentlichen Anstoß zur Errichtung dieser grünen Oase gab. An ihrem Ufer der rekonstruierte Musikpavillon, der früher soviele Konzerte erlebte, mit dem Rosengarten davor, den Sitznischen mit Bänken. An beiden Seiten die ebenfalls neu errichtete Pergola mit 36 Steinsäulen, der nur noch die Pflanzen fehlen. Kletterrosen werden in Zukunft hier wachsen. Sicher werden wir nun in den Sommermonaten wieder in so manchen musikalischen Genuß kommen.

Pankeidyll im Bürgerpark

Am seitlichen Parkeingang, von der Heinrich-Mann-Straße und Grabbeallee her, treffen wir auf das Denkmal für den tschechischen Journalisten und Literaturkritiker Julius Fuçik, der 1943 von den Nazis in Berlin-Plötzensee ermordet wurde. Fünf Stelen tragen in deutscher, tschechischer und russischer Sprache die Worte »Menschen ich hatte euch lieb – seid wachsam«.

Nun meinen wir, tatsächlich schon den gesamten Bürgerpark gesehen zu haben, aber halt, da ist doch noch die für die Kinder wohl wichtigste Stelle, der Spielplatz, und da sind die nicht zu übersehenden alten, teils auch uralten Bäume, die eigentlich erst den Reiz der Anlage ausmachen. Naturliebhaber – und wer möchte bestreiten, das zu sein – haben bei diesem Anblick ihre helle Freude. Der besonderen Beachtung empfohlen seien die 20 Meter hohe Sumpfzypresse am Pankeufer, schräg hinter dem Konzertpavillon und die prächtigen Rotbuchen im Café-Be-

Der restaurierte Musikpavillon

reich. Bei der Zypresse haben wir es mit einer in unseren Breiten recht seltenen Art von Nadelbaum zu tun, der im Herbst seine Nadeln abwirft. Wieviel von der Historie des Parks mögen sie miterlebt haben?

Erste verbriefte Kunde von dem Gelände haben wir vom Anfang des 19. Jahrhunderts, als hier eine Papiermühle betrieben wurde. Sie brannte 1829 ab, wurde neu gebaut und fiel bereits 1839 einem heute erstaunlich scheinenden Naturereignis zum Opfer: die Panke trat über ihre Ufer und riß alles mit sich. Ein warmer Frühjahrsregen hatte zu plötzlicher Schneeschmelze geführt und das Flüßchen zu einem Strom werden lassen. Da gab der Mühlenbesitzer, der Papierhändler Karl Kühn, auf und schätzte sich wohl noch glücklich, daß ihm der reiche Baron Killisch von Horn 20.000 Taler für das Areal bot. Woher das Vermögen des Barons stammte, ist nie in die Öffentlichkeit gedrungen, hingegen die Tatsache, daß er

Begründer und Besitzer der »Berliner Börsenzeitung« war und seinen Adelstitel von der Republik San Marino gekauft hatte.

In den nächsten zehn Jahren herrschte hier ein reges Treiben. Obergärtner Wilhelm Perring (später Inspektor des Botanischen Gartens in Berlin) mußte den Park mit wertvollen Bäumen und Pflanzen anlegen. Marmorplastiken, künstliche Höhlen und Grotten, ein Tempel mit dem Bildnis der Ariadne, sowie ein als Burg gebildetes kleines Gemäuer, die »Mäuseburg«, rundeten das Bild ab. Die Burg, lange Zeit mit Meerschweinchen besiedelt, stand noch bis vor knapp 30 Jahren. Aber das Geschilderte genügte dem Baron noch lange nicht. Ein Herrenhaus wurde gebaut und das Eingangstor, eine Meierei, Ställe, Treibhäuser, ein Wintergarten, aus dem – nach entsprechendem Umbau – das älteren Pankowern sicher noch in Erinnerung gebliebene Restaurant wurde. Jedenfalls hatte Baron Killisch von Horn eine Residenz, die wohl manchem Fürstensitz in deutschen Landen den Rang abzulaufen vermochte. Das muß auch der Maler Theodor Hosemann empfunden haben, der hier viele Motive fand. Von Horns Erben hingegen wollten oder konnten das Besitztum nicht halten, und alsbald entbrannten darum die wildesten Spekulationen. Aber allen, die sich schon als Bauherren eines Villengebietes sahen, machte Bürgermeister Wilhelm Kuhr einen Strich durch die Rechnung. Unter seiner Federführung kaufte Pankow 1907 den Park für anderthalb Millionen Goldmark und bestimmte ihn als Gegenstück zum den Bürgern vorenthaltenen Schloßpark zum Bürgerpark. Die seltsamsten Blüten trieb allerdings die junge Bürokratie. Für die Benutzung der Wege mit Kinderwagen benötigte man anfänglich einen Erlaubnisschein der Gemeinde.

Der Park hat noch manche Veränderung erfahren, bekam Tafeln für seltene Pflanzen und Bäume, 1910 als Verbindung zwischen den beiden Hügeln die »Teufels-

Historische Aufnahme von Gartenlokal und Musikpavillon

brücke« mit dem Teich darunter, 1912 das Gartenlokal. Unmittelbar nach Kriegsende 1945 mußte er zeitweilig Tag und Nacht bewacht werden, damit sein Baumbestand nicht verheizt wurde. Zuletzt wurde er noch einmal 1964/65 umgestaltet, in diesem Zusammenhang auch das Herrenhaus abgerissen. Das überraschendste am Bürgerpark ist vielleicht, daß man sich in ihm wie in einem abgeschlossenen Raum fühlen kann, weitab vom Straßenlärm, der doch so nahe ist. Einige Schritte nur in östlicher Richtung, und wir sind mitten drin im Getriebe der B 96, der längsten Fernverkehrsstraße im Osten Deutschlands. Von Saßnitz auf Rügen bis Zittau führt sie, unter anderem quer durch Pankow. Hier am Bürgerpark verdeckt sie unsere Panke derart, daß man sich unwillkürlich fragen möchte, wo diese wohl geflossen kommt. Anlaß für uns, das gleich einmal gründlich zu untersuchen.

Am südlichen Stadtrand von Bernau nimmt sie ihren

Anfang; ein schmaler Graben, nach einer sprudelnden Quelle wird man vergeblich suchen. Wären da nicht zahlreiche andere Gräben, die ihm Wasser zuführen, er wäre wohl nie so recht angewachsen. Die etwas kräftigeren – Kapp-Lietzen-Rübländer-Kreuz-Zinger-Graben – lassen sich sogar auf Wanderkarten entdecken. Oft hat die Panke ihr Aussehen und ihren Lauf geändert, durch naturgegebene Wirkung oder durch menschliche Eingriffe. Sie hat ein recht starkes Gefälle – etwa 40 Meter Höhenunterschied – und das führte, speziell bei Schneeschmelze, dazu, daß sie gefährlich wurde, nicht nur 1839, als sie die Mühle zerstörte. Noch 1918 und 1926 gab es heftige Überschwemmungen. 1929 wurde deshalb begonnen, ihr ein zweites Bett zu bauen. Es beginnt in der Nähe von Buch, verläuft bis Buchholz-Blankenburg neben der alten Panke und wird dann als Nordgraben zum Tegeler See geführt.

Noch ein zweites Mal wird sie »zur Ader« gelassen, dann schon außerhalb Pankows, im Wedding. Sie taucht an der Reinickendorfer Straße sozusagen unter, verschwindet in Röhren, fließt zum Teil ab in den Nordhafen, läßt sich noch einmal kurz sehen zwischen Scharnhorst- und Chausseestraße (Bezirk Mitte) und mündet, ebenso unauffällig wie sie begann, am Schiffbauerdamm in die Spree. Zwischen diesen beiden Punkten liegen, in Schlängellinie, 26 km. Zehn davon als Panke-Wanderweg, zwischen Bürgerpark und Schloßpark Buch, der unter Mitwirkung vieler Bürger in freiwilligen Arbeitsstunden angelegt wurde. Abgesehen von einigen baulich bedingten Unterbrechungen hat man auf diesem Weg immer wieder reizvolle Ausblicke, beispielsweise an den Karower Teichen mit ihren zahlreichen Brutstätten für verschiedene Wasservögel. Etwas für Wanderfreunde, die ihrem Hobby sozusagen vor der Haustür nachgehen möchten. Ein spezieller Tip für sie: vom Bahnhof Karow über die dortige Pankgrafenstraße zu den wie ein vierblättriges Kleeblatt angelegten Teichen, dann in nordöstlicher Richtung durch den Bucher Forst zum S-Bahnhof Buch. In ca. anderthalb Stunden ist der Weg bewältigt.

Noch ein Wort zum Namen. In den alten Sprachen der hier siedelnden Slawen soll Panke soviel bedeutet haben wie »ein durch Sümpfe sich schlängelnder Fluß«. In früheren Veröffentlichungen taucht auch das Wort »Pania = Flachmoor« auf. Diese Deutungen scheinen wahrscheinlich, denn das Gelände zwischen Bernau und Pankow war einst weitgehend Flachmoor, von dem – nach jahrhundertelanger Kultivierung – noch heute einige Wiesen und Teiche geblieben sind. So trifft denn wohl auch zu, daß der Fluß dem Ort zu seinem Namen verhalf. Er ist schon ein komisches Gewässer. Entweder kaum zu bemerken und somit dem Spott zum Beispiel Theodor Fontanes ausgesetzt, oder derart reizvoll, daß er immer wieder zu Schwärmerei Anlaß gab. Aus einem ellenlangen »Streitlied von der Panke«, das, mit allen Strophen wiedergegeben, den Rahmen dieses Buches sprengen würde, sei hier ein besonders köstlicher Vers zitiert.

> Was seid ihr, Wolga – Donau – Theiss –
> Missouri – Weichsel – Nil und Ganges?
> Was man von euch zu sagen weiß,
> ist nur was Breites und was Langes!

Der das schrieb, war ein glühender Verehrer der Panke, der Pankgraf Prüß. Er sattelte den Pegasus zur Vorbereitung auf den 4. Juli 1896. An diesem Tag war das 516. Stiftungsfest der »Pankgrafschaft von 1381 zu Berlin bei Wedding an der Panke«.

Die Pankgrafschaft

Es war eine »Vereinigung fröhlicher Männer«, wie sie selbst erklärten, wobei sie geflissentlich vergaßen, »trunk- und sangesfreudig« hinzuzufügen. Sie gaben und kleideten sich gern ritterlich, ansonsten waren sie allesamt ganz normale Bürger, die überwiegend im Wedding und in Reinickendorf wohnten. Auch sie folgten Ende des vorigen Jahrhunderts dem Zug der Zeit und pilgerten gen Pankow. Hier begründeten sie ihre »Burg«, ein Lokal in der Schloßstraße Nr. 6 (heute Ossietzkystraße), »Zum Pankgrafen« geheißen. Besagtes Stiftungsfest wurde in diesem Lokal mit der Uraufführung des Streitliedes gefeiert. Das Gründungsjahr 1381 gehört aber wohl ebenso ins Reich der Fabel wie die Geschichte vom Grafen »Udo mit der gespaltenen Klaue«, den sie gern als einen ihrer Ahnherren bezeichneten. Von Udo erzählte man sich, daß er 1631 in voller Rüstung in die rauschende Panke sprang »und darin ersoff«. Doch damit nicht genug. Alle 50 Jahre kehrt er auf die Erde zurück, wo er als mächtiger Nebelschatten umhergeistert. Letztmalig wurde seine Wiederkehr 1931 feierlich begangen. Jetzt wird er wohl kaum noch kommen. Entweder ist er sauer, weil sein Auftritt 1981 nicht beachtet wurde, oder er hatte nur sieben Erscheinungenzu absolvieren. Wir werden es ohnehin nur schwerlich kontrollieren können.

Setzen wir voraus, wir wären inzwischen durch die Parkstraße gegangen und haben nun die Ossietzkystraße erreicht. Von ihr geht die Pestalozzistraße ab und von dieser wiederum eine der beiden Pankgrafenstraßen des Bezirks. Sie ist so kurz, daß der eilige Passant Gefahr läuft, sie nicht wahrzunehmen. Die zweite, wesentlich längere, die wir schon kennen, beginnt in Buchholz-Nord, an der Bucher Straße, und verläuft bis zum S-Bahnhof Karow, heute Bezirk Weißensee. An der Ecke der ersteren entdekken wir auf einer angesetzten Säule einen besonderen Fassadenschmuck. Die Statue eines Pankgrafen in Rüstung mit Schwert und Hund. Eine gründliche Reinigung täte ihm sicher gut, die allgemeine Luftverschmutzung und die Tauben haben ihm doch arg mitgespielt.

Die Pestalozzistraße, in der wir ja gerade sind, kam

durchaus nicht zufällig zu dem Namen des Schweizer Pädagogen Johann Heinrich Pestalozzi. Hier wurde 1850 das »Deutsche Pestalozzistift«, eine Erziehungsanstalt für Knaben, von Friedrich Adolf Wilhelm Diesterweg und dem Berliner Stadtrat Duncker begründet. Erwähnt sei, daß auch der Stiftsweg seinen Namen dieser Einrichtung verdankt. Er führte zu dem 1865 entstandenen zweiten Teil des Pestalozzistifts, das 1906 nach Lankwitz verlegt wurde.

1948 wurde die Schloßstraße, die wie mit dem Lineal gezogen von der Breiten Straße zum Schloß Niederschönhausen führt, nach dem langjährigen Autor und ab 1927 Chefredakteur der »Weltbühne«, dem Friedensnobelpreisträger Carl von Ossietzky, benannt. Dieser aufrechte Gegner des Faschismus und Pazifist, der einige Zeit auf der Pankower Seite, Wisbyerstraße 45 wohnte, wurde bereits 1935 verhaftet und in mehreren Konzentrationslagern mißhandelt. Als die Weltöffentlichkeit 1938 seine Freilassung erzwungen hatte, mußte er zur Behandlung in das damalige Krankenhaus Nordend in Niederschönhausen eingeliefert werden, wo er am 4. Mai desselben Jahres verstarb. Seine Grabstätte befindet sich auf dem Städtischen Friedhof an der Buchholzer Straße. In einem der Vorgärten der Straße sehen wir eine Plastik in sehr natürlicher Darstellung – geradezu typischer Haltung –, geschaffen von dem Potsdamer Bildhauer Klaus Simon, am 3. Oktober 1989, anläßlich des 100. Geburtstages Ossietzkys, aufgestellt. Auf der Rückseite des Sockels sind die von ihm überlieferten Worte eingemeißelt »Von mir ist weiter nichts zu sagen«.

Wiederum haben wir die Panke überquert, die von rechts aus dem Park geflossen kommt, und da versperrt uns ein Zaun mit schwerem eisernen Tor den weiteren Weg. Hier müßte doch das Schloß sein… ist es auch… man sieht es nur nicht. Auch ein – Berichten nach – besonders schöner

Carl-von-Ossietzky-Denkmal

Parkabschnitt ist bei aller Mühe nicht zu erspähen. Im Blickfeld ein paar nüchterne Neubauten, in den letzten Jahrzehnten errichtet für Wachmannschaften und Bedienstete. Man gewinnt lediglich den Eindruck, als habe sich an ihrer Nutzung nichts geändert. Zwischen den Häusern bewegen sich ab und zu einige Polizisten. Also wenden wir uns erst einmal ab und gehen in den Park hinein. Vielleicht ist von der Seite etwas zu sehen? Es ist wahrhaftig nicht übertrieben, wenn wir feststellen, daß uns ein Bestand herrlicher Bäume umgibt. Buchen, Kastanien, Eichen.

Wir machen einen tüchtigen Umweg nach rechts, bis in den Randbereich des Parks, und sehen uns die 14 seit 1936 unter Naturschutz stehenden Eichen an. Von Fachleuten wird ihr Alter auf 250 bis 300 Jahre geschätzt. Vielleicht könnte man ruhig noch ein paar Jährchen dazugeben. Es ist jedenfalls anzunehmen, daß sie zu der Zeit, als der Park angelegt wurde, bereits standen. Auch knorrige Kiefern sehen wir. Seltsam geformte Stämme darunter. Ein älterer Spaziergänger, der unsere staunenden Blicke wahrnimmt, erzählt uns von der Rübezahlkiefer, die leider in den sechziger Jahren gefällt werden mußte, da sie nicht mehr recht standhaft war. In ihrer Rinde zeichnete sich deutlich, unmittelbar über dem Erdboden, ein bärtig scheinendes Gesicht ab, das dem Berggeist aus dem Riesengebirge zugeschrieben wurde. Außerdem hatte sie, entgegen dem üblichen Wuchs von Kiefern, tief ausladende Zweige. In unmittelbarer Nachbarschaft dieses Baumes lag einst, zwischen Panke und einem Nebenarm, die Liebesinsel. Als die Panke begradigt und ihr Ableger zugeschüttet wurde, verschwand die Insel zwangsläufig, sicher zum Ärger all derer, denen ein lauschiges Plätzchen verloren ging. Trotz dieser Veränderungen – wer ein ruhiges Stündchen in der Stadt und dennoch in der Natur sucht, dem sei der Schloßpark wärmstens empfohlen.

Nach links führt uns der Weg in weitem Bogen in

Die reißende Panke im Schloßpark

Richtung Niederschönhausen. Auch hier ist kein Blick auf das Schloß möglich, eine düstere Mauer versperrt uns die Sicht. Schade, denn dahinter steht ja wohl das Gebäude, um das jetzt unsere Gedanken kreisen. Es hat eine lange, wechselvolle Geschichte. Schon um 1350 soll es hier einen Herrensitz »Nedern Schonhuszen« gegeben haben. Sicher ist jedoch, daß in der ersten Hälfte des 17. Jahrhunderts an selbiger Stelle ein einfaches Gutshaus errichtet wurde, im Volk – wie allgemein üblich – als Schloß bezeichnet. Kurfürst Friedrich Wilhelm III. kaufte es 1661 für 16.000 Taler, und damit beginnt der interessantere, vor allem aber beurkundete Teil der Geschichte des Bauwerks. Zunächst einmal mußte es umgebaut, den Intentionen des brandenburgischen Herrschers angepaßt werden. Keine geringeren Baumeister als Johann Arnold Nehring und ab 1701 Eosander von Göthe wurden damit beauftragt.

Am nachhaltigsten wirkte wohl der Einfluß Göthes, der dem Schloß den hufeisenförmigen Grundriß gab, mit reich gestalteter Gartenfront und einer schlichten Fassade nach Westen hin. Hier führte auch die Schloßstraße als gerade Verbindung zwischen den Dörfern Pankow und Niederschönhausen entlang. Zu jener Zeit war das Schloß zum ersten Mal Schauplatz politischer Ereignisse. In seinen Räumen wurden 1700 geheime Verhandlungen mit Abgesandten des Wiener Kaiserhofes über die beabsichtigte Krönung des Kurfürsten zum König Friedrich I. geführt. Soldaten für den Spanischen Erbfolgekrieg waren der Preis, den die Wiener für ihre Zustimmung akzeptierten. Wenige Jahre später ließ der neue König mit dem Ausstechen eines Kanals beginnen, der Niederschönhausen mit dem Schloß Charlottenburg verbinden sollte. Per Gondel wollte er zwischen beiden reisen. Der Plan wurde nie verwirklicht. Lange Zeit blieb das Schloß nach dem Tode Friedrichs I. ungenutzt, solange, daß sogar der Park verwilderte.

Neues Leben zog erst 1740 mit Königin Elisabeth Christine ein. Friedrich II. hatte der ihm von seinem Vater zudiktierten Ehefrau diesen Wohnsitz auf Dauer angewiesen. Zeit ihres Lebens – bis 1797 – kam sie nicht mehr von hier weg, hat zum Beispiel Sanssouci nie gesehen, weshalb sie sich voll und ganz Schloß und Dorf Niederschönhausen widmete. Sie veranlaßte die Ausstattung des Treppenhauses und der Säle mit Rokokodekorationen und ließ die Galerien gestalten. Der Park wurde damals nach französischem Vorbild als streng symmetrische Anlage geschaffen. Für die Bevölkerung war das Wirken der Königin allerdings recht zwiespältig. Einerseits gründete sie die Siedlung Schönholz, ließ Leineweber ansiedeln, Maulbeerplantagen pflanzen, eine Schule erbauen – eine der ersten Taubstummenschulen in Deutschland –, machte mit dem »Chirurgi Heyden« einen Arzt ansässig, soll auch gern im Dorf Ehen gestiftet haben. Andererseits mußten die Bauern unentgeltlich am Hofe und in der Königin-Plantage Arbeits- und Gespanndienste leisten.

Soviel zum 18. Jahrhundert. Das Neunzehnte war wesentlich bunter, schon was die Farben der Uniformen betraf. 1806/07 quartierten sich napoleonische Truppen ein, sechs Jahre später waren es die nunmehr mit Preußen verbündeten Russen. Bis zum Ende des Ersten Weltkrieges, als der Kaiser und König von Preußen abdanken mußte, wohnten Familienmitglieder, Minister und Gäste der Hohenzollern im Schloß. 1828 hatte Peter Joseph Lenné den Auftrag erhalten, einen Landschaftsgarten zu schaffen. Seine Arbeit war von dauerhafter, bis heute sichtbarer Wirkung.

Nach 1918, in den zwanziger und dreißiger Jahren, gab es erste Versuche, das Schloß der Allgemeinheit zugänglich und nutzbar zu machen, indem der Pankower Kunstverein dort ausstellte. 1936 wurde es gründlich restauriert. Von Kriegsschäden blieben das Schloß und seine Umgebung glücklicherweise weitgehend verschont. 1945 wurde es zunächst von der sowjetischen Militäradministration als Schulinternat genutzt, dann im Herbst 1949 dem Präsidenten der DDR als Amtssitz zur Verfügung gestellt. Gleichzeitig wurde das angrenzende Villenviertel im Majakowski-Ring, bekannt unter der Bezeichnung »Städtchen«, abgeriegelt. Hier wohnten Angehörige der Führungsspitze und andere Prominenz. Später dann, nach Bildung eines Staatsrates und dem Umzug der Parteiführung nach Wandlitz, wurden die Villen mitsamt dem »Schlößchen«, einem besonders herausragenden Haus am Ring, zu Gästehäusern. Schloß Niederschönhausen stand von da an ausschließlich Staatsoberhäuptern und solchen Gästen zur Verfügung, die als gleichwertig betrachtet wurden. Die Abschirmung des inneren Parks mit Hilfe von Zaun und Mauer war nahezu perfekt.

Im Frühjahr und im Herbst 1991 sporadisch, seit Ostern 1992 ständig, ist der Garten an Wochenenden zugänglich.

Schloß Niederschönhausen

Wer die Chance ergriff, der dürfte auch die ehrwürdigen vier Platanen, 200 bis 250 Jahre alt, bewundert haben. Sie stehen dicht beieinander, direkt hinter dem Schloß. Die Hoffnung auf eine öffentliche Nutzung des Schlosses aber dürfte vergeblich sein und bleiben. Es wird wohl auch künftig Gästehaus sein. Die Mauer, die das Schloß östlich und nach Niederschönhausen abschirmt, ist übrigens zum Teil schon in der Entstehungszeit gebaut worden. Ihr ältestes Stück, zum Ossietzkyplatz hin, weist eine architektonische Besonderheit auf, eine »Flüsternische«. In dieser etwa 15 m umfassenden Ausbuchtung kann man von einem Ende zum anderen jedes geflüsterte Wort verstehen. Möglicherweise hat ein Plan reale Aussichten, die Ossietzkystraße als Fußweg am Schloß vorbei zu verlängern. Nebenbei hätten dann Pankow und Niederschönhausen die seit dem 17. Jahrhundert unterbrochene direkte Verbindung zueinander.

Ganz und gar nicht nebenbei wollen wir uns jetzt dem weit über Pankow hinaus beliebten Freibad zuwenden. Wir gehen noch einmal schräg durch den Park, überqueren die Panke, und kommen, vorbei an den Eichen, zur Straße Am Schloßpark. Zwischen ihr, der Mendel- und Wolfshagener Straße, liegt das größte Berliner Freibad. Auf etwa 13 ha Fläche gibt es Nichtschwimmer-, Schwimmer- und Sprungbecken, Terrassen und Liegewiesen. Dazu die erforderlichen Gebäude. Heute ist das für die meisten Besucher längst selbstverständlich, aber was mußte nicht alles durchgestanden werden, bis diese Oase endlich da war. Flußbäder hatte es ja schon zweimal – kurz vor der Jahrhundertwende und Anfang der zwanziger Jahre – an der Panke gegeben. Aber die Rieselfelder im Norden sorgten leider dafür, daß das Wasser zum Baden doch nicht so recht geeignet war. 1909 bereits gab es Forderungen der Bevölkerung nach einer ordentlichen Badeanstalt. 1925 wurden diese lautstark wiederholt. Der »Pankower Generalanzeiger« wußte davon zu berichten. Sportler der örtlichen Schwimmvereine sammelten zu dieser Zeit 1.200,– RM, die dem Bau zugute kommen sollten. Es dauerte jedoch noch 33 Jahre, bis das Projekt endlich spruchreif wurde, und das ist eine Geschichte, von der man nur sagen kann: »Auch so etwas gab es in der Planwirtschaft«.

Unter dem Namen »Nationales Aufbauwerk« (NAW) war eine Organisationsform gebildet worden, mit deren Hilfe die Bürger zu freiwilligen Arbeitsleistungen angehalten werden sollten. Die Pankower Verantwortlichen dieses NAW gingen nun daran, etwas ganz Spektakuläres zu schaffen. Sie wollten endlich die Freibadpläne verwirklichen. In kurzer Zeit waren 500.000,– Mark aufgebracht, durch Spenden, vor allem aber durch den Verkauf von Mosaiksteinchen, die zu einem Bild des künftigen Bades geklebt wurden. Gleichzeitig begannen die ersten Bürger mit Aufbaustunden, von denen insgesamt 220.000 geleistet wurden. Das alles ohne Einwilligung, geschweige denn Anordnung des Magistrats oder anderer Behörden. Da jedoch gleichzeitig mit dem Bau begonnen wurde – der erste Spatenstich war am 1. März 1958 –, hatte die Anlage schon beachtliche Konturen gewonnen, als die Sache »oben« ruchbar wurde. Der damalige Oberbürgermeister, dem man nachsagte, er habe vor dem Berliner Rathaus mehrarmige Kandelaber aufstellen lassen, weil er so gern von Armleuchtern umgeben sei, drohte mit harten Konsequenzen. Aber schließlich mußte er diesen »Schwarzbau« doch sanktionieren, wollte er nicht öffentlich gegen das ansonsten gepriesene und in diesem Falle von den Bürgern freiwillig akzeptierte NAW auftreten. So ließ er sich denn sogar dazu bewegen, zur Einweihung am 9. Juli 1960 zu erscheinen und eine sanfte Rede zu halten.

Seitdem hat es Sommertage gegeben, an denen hier mehr Wasserratten gezählt wurden als zum Beispiel am Müggelsee, und da in den siebziger Jahren eine Schwimmhalle dazu kam, sieht man zu jeder Jahreszeit Leute mit den jeweiligen Utensilien unter dem Arm in Richtung Freibad Pankow ziehen.

Wir aber ziehen wieder nordwärts, denn zum »Schloßpark und drumherum« gehört ja wohl noch mehr. Oder sollten wir uns begnügen mit der Feststellung im schon zitierten »Humoristisch-poetischen Führer durch Berlin« von 1890, in dem es lakonisch heißt: »Niederschönhausen mit einem prächtigen Park und dem Schloß, in welchem die Gemahlin Friedrichs des Großen wohnte«? Mehr nicht? Es könnte uns leid tun um die nicht gesehenen Schönheiten des Ortes. Finden wir uns also wieder an der Flüsternische ein, gehen wir bis zum Ossietzkyplatz und dann die Dietzgenstraße entlang, die den Namen des Publizisten, Nationalökonomen und Philosophen Josef Dietzgen (1828–1888) trägt. Auf dem Platz war noch bis 1914 die Endhaltestelle der Straßenbahn 57, die von Schöneberg kam. Heute fahren die 46 hier vorbei auf ihrem

Die Friedenskirche

Weg nach Norden und der Bus 107 nach Schildow, Glienicke, Hermsdorf.

Der Blick in die Runde führt zu dem Urteil, hier habe sich seit hundert Jahren nicht allzuviel verändert, wenn man mal von erneuerten Hausfassaden absieht. Noch mehr verstärkt sich der Eindruck, auf einem alten Dorfplatz zu stehen, wenn man die Friedenskirche betrachtet. Sie behauptet ihren zentralen Platz. In der jetzigen Form entstand sie 1869–71, angeblich nach Ideen von König Friedrich Wilhelm IV. Es ist ein einschiffiger Kreuzbau mit einem ungewöhnlichen achteckigen Turm. Um diesen rankte sich lange Zeit die Vermutung, er sei nach vorhandenen Plänen von Schinkel errichtet worden, aber das ist wohl inzwischen widerlegt. Deutlich sichtbar ist hingegen, daß das Schiff unter Verwendung mittelalterlicher Granitquader gebaut wurde. Zur Ausstattung gehören Kanzel und Emporen aus der Erbauungszeit und ein Altarkelch von 1652.

An der Dietzgenstraße stoßen wir ebenfalls auf historisch außerordentlich interessante Gebäude. Gleich an der Ecke Wackenbergstraße ein einstöckiges geducktes Häuschen mit einer für seine Maße groß wirkenden Esse. Es ist die bereits 1757 errichtete Dorfschmiede. Selbstverständlich steht sie heute unter Denkmalschutz, aber ihre Restaurierung dürfte auf Schwierigkeiten stoßen. Die Bausubstanz ist zu desolat. Gegenwärtig ist vorgesehen, das Haus abzureißen und an seiner Stelle eine Kopie zu errichten. Der erste hier ansässige Schmied hatte vom königlichen Hofe die sogenannte »Schmiedegerechtigkeit« erworben. Das bedeutete nichts anderes, als daß den Bewohnern der Gemeinden Niederschönhausen, Pankow und Blankenfelde bei Strafe untersagt war, Schmiedearbeiten an anderen Orten ausführen zu lassen. Trotz heftiger Proteste mußten die Bauern, der Überlieferung zufolge, diese »Gerechtigkeit« ebenso anerkennen wie die Mahlgerechtigkeit des Pankower Müllers an der Mühlen-

Im Brosepark

straße. Ein ebenso niedriges, unscheinbar zu nennendes Häuschen erwartet uns wenige Schritte weiter auf derselben Straßenseite. Zu der Zeit, da dieses Buch geschrieben wird, ist es allerdings nicht zu sehen, ist regelrecht »eingewickelt« in eine Bauschutzplane. An ihm ist die Restaurierung offenbar lohnend.

Das Grundstück war 1804 vom Bankier Wilhelm Brose gekauft worden, der sich nach Entwürfen von Karl Friedrich Schinkel ein Landhaus mit Gästehaus und Kutscherwohnung bauen ließ. Leider wurden der Schinkelbau und das Gästehaus wenige Jahre nach dem 2. Weltkrieg mit der Begründung abgerissen, sie hätten zu starke Kriegsschäden erlitten. Nur die Kutscherhütte blieb erhalten und wird nun wiederhergestellt. Dafür existiert der Garten noch, seit 1920 öffentlich, heute allgemein als Brosepark bekannt. Man muß schon etwas aufpassen, daß man den Eingang nicht verpaßt. Er ist genauso unauffällig wie das sich nun in Arbeit befindliche Häuschen daneben. Lange Zeit recht stiefmütterlich behandelt, ist der Park 1987/88 grundlegend erneuert worden. Wege wurden wiederhergestellt, Wildwuchs an Sträuchern beseitigt, ein Spielplatz mit Klettergerüsten, Tischtennisplatte, Sitzgruppen und eine Brücke mit seitlichen Aufgängen gebaut. Demnächst wird es hier noch weitere Spielgeräte geben. Auch in diesem dritten Park, den wir auf unseren Streifzügen durch den Bezirk kennenlernen, alte Buchen, Eichen, Platanen und andere mächtige Bäume. Irgendwann wird das Brosegrundstück an der Dietzgenstraße sicher wieder bebaut werden. Es wäre zu hoffen, daß dann Mittel und Möglichkeiten ausreichen, um das Schinkellandhaus zu kopieren. Ein interessantes Bauensemble könnte sich daraus ergeben, mit der Schmiede aus dem 18. Jahrhundert, den Bauten vom Anfang des 19. Jahrhunderts und dem »Holländerhaus« gegenüber an der Ecke Platanenstraße.

Letzteres ist eine ausgesprochene Augenweide, obwohl es so ganz und gar nicht holländisch zu sein scheint. Ist es ja auch nicht. Der Name entstand wahrscheinlich schon im Volksmund, als es hier einen Vorgängerbau aus roten Ziegeln gab. Hartnäckig hat sich die Bezeichnung bis heute gehalten, trotz eines Umbaus im Jahre 1852, der schon mehr ein Neubau war, und der Restaurierung 1987. Eher ist man geneigt, »Schweizerhaus« zu sagen, wenn man den repräsentativen Holzbalkon an der Nordseite sieht. Eine einzigartige Zimmermannsarbeit. Wir treten näher und entziffern die Inschrift in ungewohnten Buchstaben.

Soll Dir alles wohl gelingen,
bau auf Gott in allen Dingen.

Von Max Skladanowsky fotografiert: Das Holländerhaus

Darunter dann über die ganze Giebelseite hin:

Voller Fleiß hat mich erdacht
und zu Hauschildts Ruh gemacht,
Ludwig Schultz der Zimmermann.
Tadle, wer es besser kann.

Das macht natürlich neugierig. Also vertiefen wir uns mal wieder in alte Quellen. Die Berliner Bankiersfamilie Fetschow, die zu den ersten ständigen Sommergästen in Niederschönhausen zählte, erwarb das Grundstück 1802 von einem Bauern. »Madame Fetschow«, wie sie der Zeit entsprechend genannt wurde, ließ 1816 besagtes rotes Backsteinhaus errichten. Sie führte darin eine Art »Salon«, einen Treffpunkt für Künstler, Gelehrte, Offiziere, Angehörige des preußischen Adels. Unter den Gästen sollen auch mehrmals Karl Friedrich Schinkel und Peter Christian Wilhelm Beuth gewesen sein. Beuth war in jenen Jahren Direktor der »Technischen Deputation für Gewerbe«, der auch Schinkel angehörte, später dann Leiter der »Allgemeinen Bauschule«, aus der die Bauakademie hervorging. Die Straße am Brosepark, an der sein Sommerhaus stand, erhielt 1899 seinen Namen. Nach dem Tod der Madame verkauften die Erben das Haus an den Kunstschlosser Carl Friedrich August Hauschildt, der es 1852 gründlich verändern ließ. Es wurde aufgestockt, erhielt einen Rittersaal, in dem Hauschildt seine schönsten Arbeiten, wie Turnierhelme und Lanzen, ausstellte und vor allem den Holzanbau mit der Inschrift »Hauschildts Ruh«, so wie es jetzt vor uns steht.

Beinahe hätten wir bei all dem Schönen vergessen, einen Blick auf das zu Beginn dieses Jahrhunderts erbaute Rathaus von Niederschönhausen zu werfen. Das wäre zwar verzeihlich, weil wir da »nur« eine Schule sehen an der Ecke Kuckhoffstraße, eines der Pankower Gymnasien. Aber es war tatsächlich bis zur Eingemeindung 1920 Rathaus, wurde dann um- und ausgebaut für seine neue Bestimmung.

Folgen wir noch weiter den Straßenbahnschienen in Richtung Norden, so gelangen wir schließlich in den Ortsteil Nordend, 1871 bis 1874 auf ehemaligem Manövergelände als Landhaussiedlung entstanden und im Charakter noch immer weitgehend so erhalten. Hier treffen wir auf den dritten der Pankower Straßenbahnhöfe. Es ist zugleich das älteste in Betrieb befindliche Depot Berlins, im Mai 1991 stand es 90 Jahre. 1924 um einen Werkstatt-Teil mit Nebenanlagen erweitert, leistet der Hof noch heute seinen Dienst zur Wartung und Reparatur der älteren Tramwagen. Imposant für den Laien die verwirrende Führung der Gleise, über die letztlich doch jede Bahn in die für sie vorgesehene Halle findet. Bis 1920 stand in der Gegend, an der Ecke Büchnerweg, die einzige Windmühle von Niederschönhausen. Die hohen Häuser sollen ihr den Wind genommen haben, weshalb sie abgerissen wurde. Heute erscheint einem diese Begründung ein wenig »hochgegriffen«. Weiter stadtauswärts liegen mehrere Friedhöfe und einige größere Kleingartenkolonien. Man könnte wirklich denken, hier sei der Norden Berlins zu Ende, aber auch weiter draußen ist noch Interessantes zu entdecken. Das jedoch heben wir uns für später auf. Jetzt fahren wir mit der 46 oder mit dem Bus 107 zurück zum Bürgerpark, unserem nächsten Ausgangspunkt.

Die Dorfkirche in Blankenfelde

Dritter Spaziergang

In der Schönholzer Heide... und in zwei Dörfern

»Wer spazieren geht, dem ist jeder Weg der rechte«, sagt ein altes deutsches Sprichwort. Schließen wir uns dem an, zumal wir noch so manchen Kilometer zurückzulegen haben, wenn wir möglichst viel von dem sehen wollen, was Pankow und seine Ortsteile so liebenswert macht. Hier am Bürgerpark nimmt ein grüner Gürtel seinen Anfang, der sich über mehrere parkartig angelegte Friedhöfe und die Schönholzer Heide bis nach Wilhelmsruh erstreckt. Doch bevor wir ihm folgen, blicken wir noch kurz in die Grabbeallee hinein.

Unsere Aufmerksamkeit gilt einer 1908/09 vom Architekten Paul Mebes errichteten Siedlung, die damals – und wohl auch heute noch – als vorbildlich galt. Benannt wurde sie nach Paul Francke, Vorstandsmitglied eines Berliner Wohnungsvereins. Kurios die falsche Schreibweise des Namens ohne c, die dann laut Magistratsbeschluß schließlich beibehalten wurde. Offene Wohnhöfe mit Rasenflächen und Kiefern, die den Eindruck der märkischen Landschaft vermitteln. Die 27 Häuser mit 174 Wohnungen verfügten schon damals über Bäder, Innen-WC, Loggien oder Balkone. Ein sicher besonders gut gelungenes Beispiel für den Reformwohnungsbau jener Zeit. Obwohl die Anlage in fast 90 Jahren so manche Veränderung erfuhr, ist sie doch in ihren Grundzügen noch immer so erhalten, wie Mebes sie entworfen hat. Erst wesentlich später, nach 1928, wurde die gegenüber in die Grabbeallee mündende Pfeilstraße (nach dem Forstwissenschaftler Wilhelm Pfeil) bebaut. Im Gegensatz zur Frankesiedlung mit villenartigen Häusern, wie sie überall stehen könnten, aber mit einem Sportplatz, der noch bis 1990 bei Frostgraden als Spritzeisbahn diente. Schon Anfang der dreißiger Jahre hatte er eine Lautsprecheranlage, und vielleicht erinnert sich so mancher ältere Pankower noch daran, wie hier nahezu ununterbrochen ein »Hit« über die Eisfläche schallte – eigentlich mehr schnarrte – die »Donkey-Serenade«. Schade, daß das nun der Vergangenheit angehören soll.

In der Heinrich-Mann-Straße und am gleichnamigen Platz ist es vielleicht angebracht, einmal kurz zu erwähnen, daß wir vorwiegend in Pankow und in Niederschönhausen zahlreichen Botschaftsresidenzen begegnen, die auch nach 1989 nicht aufgegeben wurden, wohl eine Investition in die Zukunft Berlins als Hauptstadt und Regierungssitz.

Nach einer Viertelstunde sind wir an der Schönholzer Heide angelangt, von der es soviel Gegensätzliches, Heiteres und sehr Ernstes zu berichten gibt. Streng genommen ist ja nur ein ziemlich kleiner Teil der einst weiträumigen Heide übriggeblieben. Daß sie überhaupt noch existiert, haben wir der Gemeindeverwaltung und den Bürgern von Niederschönhausen um die Jahrhundertwende zu danken. Damals war hier rücksichtslos abgeholzt worden. Das Holz brachte der Staatskasse Geld. Prompt interessierten sich Baugesellschaften für das Gelände, aber die Gemeinde schob dem schließlich einen Riegel vor. Handelte es sich doch immerhin um eines der beliebtesten Berliner Ausflugsziele.

Wer kennt nicht jenes rabiate Lied vom Bolle, den es zu Pfingsten nach Pankow und in die Schönholzer Heide zog? Da verlor er zwar »seinen Jüngsten janz plötzlich im Jewühl«, mußte »fünf volle Viertelstunden nach ihm spür'n«, beklagte sich, daß es »keen Essen und keen Bier«

Häuser der Frankesiedlung

jab, »war alles uffjefressen von fremden Leuten hier«. Da gab's – Herrn Bolle zufolge – 'ne Keilerei und er war »mittenmang dabei«. Aber trotz allem, Bolle hat sich mächtig amüsiert.

Ein Sittenbild der Zeit? Gewiß etwas überzogen, aber die Berliner fanden nun mal ihren Spaß in Pankow wie in der Schönholzer Heide, und das nicht nur zu Pfingsten. Hier wurde in der Anlage der Berliner Schützengilde, die noch in jüngster Vergangenheit zum Sportschießen genutzt wurde, der Schützenkönig gekrönt. Und gegen Ende der zwanziger Jahre befand sich unter der Bezeichnung »Traumland« hier auch ein Ableger des Lunaparks mit allem, was ein großes Vergnügungsgelände so ausmacht: Karusselle aller Größenordnungen fehlten ebensowenig wie Gruselkabinette, Irrgärten, Würfelbuden oder das Riesenrad.

Die letzte großangelegte Schau im Traumland war der Versuch, das alte Pankower Fliegenfest wiederzubeleben, eine Tradition aus dem vorigen Jahrhundert: die Stiftungsfeier der Wollweberinnung, also der Raschmacher. Rasch wurde ein wollener Kleiderstoff mit seidenartigem Glanz genannt. Mit ziemlichem Spektakel ging das Fest seinerzeit vor sich. Man traf sich an der Raschmacherherberge in der Landsberger Straße. Allen voran ein Kremser mit Musik, dann die als Ritter oder Knappen kostümierten Meister und Gesellen. Am Schluß des bunten Zuges ein Wagen mit einem Affen, Sinnbild für die Heimkehr zu später bzw. früher Stunde. Man setzte offenbar voraus, dann ziemlich »geladen« zu sein. Im Konzertgarten Linder in der Breiten Straße angekommen, gab es dann ein großes Familien-Kaffee-Kochen, Tanz und Gesang. Die Kinder kriegten Naute, ein kleines plattenförmiges Sirupgebäck mit weißem Mohn. Das ist heute ebenso in Vergessenheit geraten wie die Deutung der Bezeichnung »Fliegenfest«. Es blieb bei dem einmaligen Versuch von 1935. Die Raschmacher feierten nie wieder fröhliche Urständ.

Nur wenige Jahre später legten die Nazis hier ein Lager für Zwangsarbeiter aus Polen und der Ukraine an. Unter den anständigen Deutschen, die den Verschleppten menschlichen und, soweit möglich, auch materiellen Beistand leisteten, ragte besonders der katholische Pfarrer Joseph Lenzel hervor. Er ging in die Baracken und hielt für die Gläubigen Gottesdienste ab, wurde deswegen verhaftet, ins KZ verschleppt und am 3. Juli 1942 in Dachau ermordet. Ein Gedenkstein an seiner Wirkungsstätte, der Kirche St. Maria Magdalena in Niederschönhausen, trägt die Inschrift: »Eine größere Liebe hat niemand, als wer sein Leben gibt für seine Freunde«. Seit 1990 trägt eine bis dahin namenlose Straße ihm zu Ehren den Namen Joseph-Lenzel-Straße.

1947 bis 1949 entstand auf etwa 3 Hektar des Heidegebietes eine Gedenk- und Grabstätte für 1.300 im Kampf um Berlin in der Umgebung Pankows gefallene sowjetische Soldaten. Alles überragend der 33 m hohe Obelisk aus finnischem Granit, davor das Denkmal einer Mutter mit ihrem aufgebahrten Sohn. Nur wenige hundert Meter von hier ruhen auf dem Waldfriedhof deutsche Opfer des Krieges, Soldaten und Zivilisten. So zeigt sich die Schönholzer Heide heute auch als Ort der Besinnung und Mahnung.

Blicken wir noch ein wenig weiter zurück. Erste Kunde von der Siedlung Schönholz haben wir aus den Jahren um 1772, als böhmische Kolonisten hier auf Betreiben der Königin Elisabeth Christine Land erhielten, um Maulbeerbäume anpflanzen zu können. Friedrich Nicolai erwähnt in seiner »Beschreibung von Berlin«, die 1786 erschien, »weitläufig eingehegte Plantagen von Maulbeerbäumen zum Zwecke der Seidenraupenzucht«. Seine Ortsbestimmung deutet auf das Gelände hin, auf dem etwa 1800 ein Gutshaus errichtet wurde, dem Zeit seines Bestehens der Beiname »Schloß Schönholz« anhaftete. Es wurde 1884, schon halb verfallen, von der Schützengilde übernommen und später abgerissen.

Weiter geht es in Richtung Norden, durch die Straße vor Schönholz nach Wilhelmsruh, jenem Ortsteil, von dem wir ja schon wissen, daß er 1893 von Rosenthal abgetrennt wurde und bis 1938 zu Reinickendorf gehörte. Er entwickelte sich industriell sehr rasch, seit die Bergmann-Elektrizitätswerke 1907 eine Fabrik errichtet hatten, die bis in unsere Tage bedeutendster Industriebetrieb im Bezirk Pankow ist. Anfänglich wurden hier elekrische Maschinen, Kabel, Dampf- und Schiffsturbinen produziert, aber auch Elektrokraftwagen für die Post, von den Berlinern wegen ihres eigentümlichen Geräuschs lakonisch »Suppentriesel« genannt. Weithin unbekannt dürfte sein, daß der Betrieb auch wesentlichen Anteil an der Ausrüstung der Pariser Metro mit Elektroanlagen hatte. In den letzten Jahren wurden dann unter dem Namen »Bergmann-Borsig« Kraftwerksausrüstungen und – in einer eigenen Abteilung – Rasierapparate produziert. Wilhelmsruh war aber auch rund 50 Jahre lang Ausgangspunkt der bei den Berlinern sehr beliebten »Heidekrautbahn«.

Mit der Heidekrautbahn nach jwd

Offiziell hieß sie natürlich nicht so, sondern »Reinickendorf-Liebenwalde-Großschönebecker-Eisenbahn« und gehörte einer Aktiengesellschaft. Aber dieser Name war natürlich viel zu umständlich, wie auch der spätere offizielle: Niederbarnimer Eisenbahn. Sagte man »Heidekrautbahn«, wußte doch jeder gleich, was gemeint war. Die Strecke begann am S-Bahnhof Wilhelmsruh, führte dann hart am Werksgelände vorbei über Rosenthal, Blankenfelde, Schildow bis Basdorf. Von dort ging ein Zweig nach Liebenwalde, der andere nach Großschönebeck. Eine geradezu ideale Möglichkeit zu Ausflügen in die märkische Heidelandschaft. Nach heftigen Debatten und Auseinandersetzungen um die Trassenführung (so etwas gab es auch damals schon) begann der Bau im Sommer 1898, und am 21. Mai 1901 dampfte der erste Zug nach Basdorf. Mit Beginn der fünfziger Jahre stellte die Grenzziehung quer durch Berlin auch in Wilhelmsruh die Signale auf »Halt«. Die Bahn wurde zur Verwaltung und Nutzung von der Reichsbahn übernommen und verkehrte nunmehr erst ab Blankenfelde, bzw. auf einem Nebenzweig ab S-Bahnhof Karow, nach Basdorf. Die Gleisanlagen sind jedoch, da für den Güterzugbetrieb genutzt, bis heute weitgehend erhalten geblieben, so daß immerhin die Hoffnung besteht, daß die Heidekrautbahn irgendwann wieder auf ihrer alten Route fahren wird. Es hat ja auch schon ein paar Versuchs- oder Sonderfahrten in den letzten zwei Jahren gegeben, sogar mit historischen Lokomotiven und Wagen, die von Reichsbahnenthusiasten gerettet, restauriert und gepflegt worden

Mit der Heidekrautbahn unterwegs

sind. Wer sich aber nicht auf ein »ab und zu« verlassen möchte, dem seien die fahrplanmäßigen Züge ab Karow empfohlen. Besonders reizvoll ist ein Ausflug bis Großschönebeck in der Schorfheide. Wer bereits in Wandlitz oder Wandlitzsee aussteigt, kann sich dort einen schönen Tag machen. Naturfreunde aber werden voll auf ihre Kosten kommen, wenn sie bis Zühlsdorf fahren, dann durch das Landschaftsschutzgebiet Briesetal wandern und erst in Birkenwerder wieder die S-Bahn zur Heimfahrt nehmen. Interessant ist in der Gegend auch das Naturschutzgebiet Schildow/Tegeler Fließ, ein Kalktuffsteingebiet. Eine Talsenke mit hellem, porösem Kalkstein, der fortdauernd aus dem Boden »wächst«. Seltene Pflanzen sind hier zu sehen, unter anderem einige Orchideenarten. Aber Vorsicht, die stehen genauso unter Naturschutz wie das beliebte Heidekraut, das der Bahn seinen Namen gab.

Vorerst bewegen wir uns jedoch von Wilhelmsruh zu den nördlichsten Dörfern des Bezirks, nach Rosenthal und Blankenfelde.

Unwillkürlich fragt man sich, ob wir denn überhaupt noch in der Großstadt Berlin sind. Innerhalb ihres Territoriums gewiß, obwohl die Umgebung nicht so aussieht, doch wird sich das wohl in einigen Jahren geändert haben, wenn die Pläne zum Bau von Satellitensiedlungen verwirklicht sind. Hier ist ja noch am ehesten Bauland vorhanden. Die ersten Neubauten werden auf den Winkelwiesen an der Kastanienallee errichtet. Eine Modellausstellung gab es bereits im Herbst 1991 im Pankower Rathaus.

Vom Dorf Rosenthal, um 1230 von Siedlern aus dem Westen Deutschlands gegründet, wird berichtet, daß es in seiner Frühzeit von ausgedehnten Hochwäldern umgeben war. Noch Anfang des 18. Jahrhunderts gab es mehrere Jagdhäuser und ein Lustschlößchen nebst Fasanerie für den ersten Preußenkönig, Friedrich I.. 1728 sollen bei einer Jagd 400 Damhirsche und 30 Wildschweine erlegt worden sein. Das einzige, was noch an diese Zeiten erinnert, ist die Dorfkirche, im Kern ein Granitquaderbau aus dem 13. Jahrhundert. An der Südseite ein zugesetztes spätromanisches Portal. Der Querturm im Westen ist jedoch erst 1902 errichtet worden. In ihrer Nachbarschaft die Gaststätte »Rosenthaler Hof«, erbaut 1877, seitdem in Familienbesitz. Hier könnten wir eine kleine Kaffeepause einlegen. Bei angenehmem Wetter ist das auch vor der Tür möglich.

Um die Jahrhundertwende erschienen in Berlin Werbeplakate mit dem Text »Ziehe nach Pankow – gesündester Vorort des Nordens«. Daran gab es allerdings Zweifel, zumindest was die Luft betraf. Deutlicher gesagt, es roch unangenehm, wenn der Wind von Norden, oder wie der Beriner sagte »von oben« kam. Und das lag an den Rieselfeldern.

Auf unserem weiteren Weg wollen wir uns ein wenig

Klingeln gehörte schon damals zum Geschäft

über sie informieren. In ihrer Hoch-Zeit erstreckten sie sich vom Nordrand Rosenthals über Blankenfelde, das fast völlig von ihnen eingeschlossen war, über Buchholz bis Buch.

Nur schwer können wir uns heute eine Vorstellung davon machen, wie es noch um 1850 in Berlin aussah. Es gab überwiegend unbefestigte Gehwege und schlecht gepflasterte Straßen, in denen zu beiden Seiten Rinnen liefen, durch die alle Abwässer flossen. Diesem »Übel« im wahrsten Sinne des Wortes mußte unbedingt Abhilfe geschaffen werden, weshalb der Magistrat eine Kommission unter Leitung von Rudolf Virchow einsetzte. Dieser unterbreitete 1872 seine Vorstellungen einer unterirdischen Stadtentwässerung nach Londoner und Pariser

Muster. Virchow führte zur Begründung vor allem die Seuchengefahr für die sich rasch entwickelnde Millionenstadt an. Schon ein Jahr später wurde der Vertrag zum Bau einer Kanalisation mit Baurat James Hobrecht abgeschlossen. Am 14. August 1873 war Baubeginn für das umfangreiche Vorhaben. Alle Abwässer sollten auf Rieselflächen geleitet werden, die rings um die Stadt eingerichtet wurden. Zu diesem Zweck erwarb Berlin im Norden die Rittergüter Rosenthal, Blankenfelde mit Lindenhof, Möllersfelde, Buchholz und schließlich auch noch das Gut Buch. Pankow schloß sich 1875 diesem System an.

Rund 100 Jahre war das die beste, weil ökonomischste Lösung zur Beseitigung und Reinigung der Abwässer. Erst nachdem moderne Klärwerke gebaut werden konnten, das letzte und größte 1985 bei Schönerlinde, konnten die Rieselfelder stillgelegt werden. Am 31. Dezember 1985 war ihr Schicksal hier im Norden endgültig besiegelt. Aber damit tauchte ein neues Problem auf. Was sollte mit dem zum Teil stark belasteten Gelände geschehen? Man beschloß, den Berliner Grüngürtel zu erweitern. Erste Anpflanzungen schnellwüchsiger Gehölze gingen auf einigen Flächen wieder ein. Andere wuchsen an. Es wird wohl noch ein paar Jahre dauern, bis auf diesen 1.370 Hektar ein geschlossener Wald steht und noch mehr Jahre, bis das auch ein richtiger Wald ist. Aber der Anfang ist immerhin gemacht.

In Blankenfelde, wie im benachbarten Lübars (Bezirk Reinickendorf), ist Berlin zu Ende. Wer mit dem Auto oder mit dem Bus 107 hier vorüberfährt, wird das kaum richtig wahrnehmen, was wirklich schade ist. Zumindest ein Blick auf die gotische Dorfkirche ist lohnend. Ein Feldsteinbau mit Backsteinkanten, Ende des 14. Jahrhunderts errichtet. Innen, an der Südseite, noch die Patronatsloge von 1680. Obwohl 1854 umgebaut und 1938 bis 1941 restauriert, blieb der ursprüngliche Bau weitgehend erhalten. Rundherum noch der Kirchhof. Leider lassen sich historische Grabsteine nicht mehr finden. Aber ein anderer Stein erregt unsere Aufmerksamkeit. Am Kirchhofstor ein Findling aus schwedischem Granit, etwa 5 m im Umfang, zirka 1 1/2 m hoch. Ein Andenken an die letzte Eiszeit. Er lag mitten in den Rieselfeldern und wurde nach deren Stillegung hierher transportiert, sicher mit viel Aufwand. Die Eismassen in prähistorischer Zeit haben das jedenfalls einfacher bewerkstelligt.

Da nun schon einmal das Stichwort Eiszeit fiel, wollen wir an dieser Stelle kurz abschweifen, als Vorgriff gewissermaßen auf die Besuche in Buchholz und Buch.

Dort, wo an der S-Bahn-Strecke nach Hohen Neuendorf ein Bahnhof »Buchholz Nord« geplant ist zwischen Autobahn und Bahnübergang, liegt einer der größten Findlinge der Mark. Auch er besteht aus schwedischem Granit und wiegt schätzungsweise 105 Tonnen. Da haben die Eismassen ganze Arbeit geleistet. Leider hat der morastige Boden einen ziemlichen Teil seiner Masse verschluckt, und es hat sich bisher noch niemand gefunden, der den Versuch unternommen hätte, den »großen Stein« zu heben und auf festen Grund zu stellen. Auch die Tatsache, daß er als Naturdenkmal gekennzeichnet ist, hat da noch nichts bewirkt.

Ein weiteres Erbe der Eiszeit sind die etwa 70 m hohen Arkenberge, noch im Bezirk Pankow gelegen. Sie bestehen aus geschichtetem Sand und Kies. Letzterer wurde jahrzehntelang abgebaut. Eine erschöpfte Grube ist in jüngster Vergangenheit zu einer Badestelle geworden. Das dritte große Eiszeitrelikt heißt Steener Berg, mißt stolze 83 m und liegt im Bucher Forst. Als es im Winter noch häufiger Schnee gab, war er als Rodelberg beliebt, daß aber an seinen Hängen im 16. Jahrhundert Wein angebaut wurde, weiß heute kaum noch jemand. Ob der Wein gut war, wissen wir natürlich nicht, immerhin wurde er nach Polen und Rußland ausgeführt.

Auf dem Rückweg nach Pankow sollten wir unbedingt in der Blankenfelder Chaussee an der Botanischen Anlage einen längeren Aufenthalt einplanen. Hervorgegangen ist sie aus dem 1909 geschaffenen Schulgarten für Berlin. Im Jahr lieferte die Einrichtung damals drei Millionen Pflanzen für Unterrichtszwecke. Für Besuche standen Waldstücke, Wiesen, ein Steinbruch, ab 1912 auch Gewächshäuser zur Verfügung.

Inzwischen hat es manche Veränderung und Erweiterung gegeben, und seit 1977 ist die Anlage das »Institut für spezielle Botanik und botanische Sammlungen. Museum für Naturkunde, Humboldt-Universität Berlin«. Auch jetzt gibt es Führungen für Schulklassen, ansonsten sind Besucher von April bis Oktober jeden 1. und 3. Sonnabend sowie dienstags und freitags jeweils von 10 bis 14 Uhr willkommen. Angestrebt wird eine tägliche Öffnung.

Es gibt hier einiges zu bestaunen: ein kleines Arboretum und ein Schaugewächshaus mit Palmen, Drachen-, Kaffee- und Schraubenbaum, Bromelien, Orchideen mit der »Königin der Nacht«, die etwa Anfang Juli blüht, wenn auch nur für eine Nacht. Man kann durch Fichten-, Eichen-, Buchen-, Birken-, Eschenwäldchen wandeln, sich an der geologischen Wand über heimische Steinarten verschiedener Erdzeitalter informieren oder in der Staudenschauanlage belehren lassen. Vielleicht bestaunen wir auch den Mammutbaum, der hierzulande einmalig sein dürfte. Jedenfalls werden wir es kaum schaffen, alle Pflanzen und Baumarten in dem 34 Hektar umfassenden Garten einzeln zu betrachten. Denn dies sind etwa 6.000.

Vierter Spaziergang

Französisch Buchholz

Unter den 58 Orten in Deutschland, die Buchholz heißen, ist das Pankower Dorf sicher nicht der bedeutendste, aber unbedeutend ist er mitnichten. Der Name ist auf einen Buchenwald zurückzuführen, der sich bis ins 19. Jahrhundert zwischen dem Ort und der Panke erstreckte. Die Beifügung »Französisch«, die noch in jüngerer Vergangenheit gebräuchlich war, bezieht sich auf die Ansiedlung von Hugenotten um 1695.

Buchholz war schon Ende des 18. Jahrhunderts beliebtes Ausflugsziel der Berliner. Davon zeugen das »Wallfahrts«-Bild von Daniel Chodowiecki ebenso wie ein Bericht des Maurermeisters und Komponisten Carl Friedrich Zelter, der nach Carl Friedrich Fasch zweiter Leiter der Berliner Singakademie war. Wir sind also in bester Gesellschaft, wenn wir uns auf den Weg nach Buchholz machen.

Sachlich, um nicht zu sagen nüchtern, wirkt unser Ausgangspunkt. Da ist der S-Bahnhof Pankow-Heinersdorf, über den sich in leichtem Bogen die Straßenbrücke spannt, die von der Prenzlauer Promenade geradewegs in die Hochstraße mündet und dann in den Autobahnzubringer zum Berliner Ring übergeht. Da ist der mit unzähligen Fahrdrähten überspannte Rangierbahnhof, der 1890 angelegt wurde und der wohl die Schuld daran trägt, daß die zwei Jahre später errichtete Brücke seit ihrer Existenz »Schwarze Brücke« genannt wird. Sie sah ja auch immer

Wallfahrt nach Französisch Buchholz.
Radierung von Daniel Chodowiecki (1775)

so aus, was wohl auf jahrzehntelange Einwirkung von Qualm und Ruß der Lokomotiven zurückzuführen war. Ja, und die neue Brücke hat inoffiziell den Namen einfach übernommen. Man könnte sie auch aus anderem Grund so nennen, gehört sie doch zu dem zweiten Pankower »Schwarzbau«.

Ende der siebziger Jahre stand fest, daß die Heinersdorfer Brücke ausgedient hatte. Abriß mit anschließendem Neubau wurde ausgeschlossen. Das hätte den Durchgangsverkehr zu sehr behindert, zumal eine Umleitung über Pankow kaum zu verkraften gewesen wäre. Also wurde beim Magistrat beschlossen, daneben zu bauen, was wiederum voraussetzte, den Bahnhof zu überqueren. Die wirklichen Experten, die Architekten und Bauausführenden, dachten nun offenbar ein wenig über den Tag hinaus und legten das Ganze gleich so an, daß die Brücke einschließlich einer Hochstraße in die Autobahn münden konnte. Natürlich würde das teurer kommen, aber später alles wieder zu verändern, wäre nicht billiger geworden. Die Geschichte verlief ähnlich wie beim Freibad. Es gab heftige Auseinandersetzungen, jedoch konnte und mußte schließlich weitergebaut werden. Die Arbeiten verzögerten sich zwar immer wieder, aber 1983 rollten die ersten Autos hinüber. Der Abriß der Schwarzen Brücke ging schneller, von manch wehmütigem Blick begleitet. Man trennt sich halt nur ungern – und sei es aus purer Gewohnheit – von einem alten, vertrauten Stück.

Der Bahnhof ist übrigens mit einem Kuriosum verknüpft. Hier feierte die bereits 1902 im Berliner Gebiet eingestellte Pferdebahn 1904 ihr »Comeback«. Sie soll für die Fahrt nach Buchholz zwar 1 1/2 Stunden benötigt haben, aber man hatte ja dazumal andere Zeitbegriffe als heute. 1907 wurden dann auch die letzten Bahnpferde ausgemustert.

Es ist etwas kompliziert, die Straße zu benennen, die wir entlanggehen. Zuerst – noch neben dem Autobahnzubringer – heißt sie Prenzlauer Chaussee, dann Pasewalker Straße, Berliner Straße und im Ortskern Hauptstraße. Wo hört die eine auf, beginnt die andere? Die Bewohner haben sich daran gewöhnt, ob das dem Gast auch gelingt?

Die erste Querstraße links führt uns zum Pankower Krankenhausviertel. Es ist die Galenusstraße, die den Namen des griechisch-römischen Arztes Galen trägt, der neben Hippokrates als bedeutendste medizinische Kapazität des Altertums galt. Ferner die Vesaliusstraße, nach dem Chirurgen Andreas Vesalius, der im 16. Jahrhundert als Leibarzt Kaiser Karls V. wichtige Anregungen für die Entwicklung der Anatomie gab. Oder die Würtzstraße, nach dem ebenfalls im 16. Jahrhundert lebenden Wundheilkundigen Felix Würtz, einem Freund und Mitstreiter des Paracelsus. Die ihm als Reformator der Medizin zu Ehren benannte Straße umschließt einen Platz, der zwar keinen offiziellen Namen hat, aber seit eh und je

Paracelsusplatz genannt wird. Auch der Entdecker der Heilwirkung kalter Umschläge ist hier gewürdigt, Vincenz Prießnitz, der 1826 im schlesischen Gräfenberg eine Kaltwasserheilanstalt gründete. Und auch des Professors für Psychiatrie, Emanuel Mendel, wird gedacht, der ab 1864 Landarzt in Pankow war und als Reichstagsabgeordneter wie Gemeindevertreter wesentlichen Einfluß auf die Gründung des Krankenhauses nahm.

In der Galenus- Ecke Mendelstraße arbeitete übrigens ab 1893 ein Wasserwerk. Seine Einweihung wurde vom Pankower Gemeinderat folgendermaßen publik gemacht: »Es wird hiermit zur öffentlichen Kenntnis gebracht, daß sowohl Wasserwerk wie auch Kanalisation unseres Ortes in dauernden Betrieb gesetzt sind. Der entsprechenden Benutzung beider Anlagen steht somit bei dem Vorhandensein kompletter Anschlußvorrichtungen nichts mehr im Wege«. 18 Jahre tat das Werk seinen Dienst, dann reichten die von ihm geförderten Mengen nicht mehr aus. Die Gemeinde mußte sich nach einer anderen Quelle umsehen und fand diese in Stolpe bei Hohen-Neuendorf. Seit 1911 kam das Wasser von dort. Auch andere Gemeinden, zum Beispiel Blankenfelde und Buchholz, wurden von anfang an mitversorgt, da das Druckrohr ihre Territorien ohnehin berührte. Mit der Eingemeindung 1920 übernahm Berlin das Stolper Wasserwerk, das – nach mehrmaliger Erweiterung und Modernisierung – noch heute Wasser für den Norden der Stadt liefert. Die alten Gebäude an der Galenusstraße wurden später zur Lagerung von Fleisch benutzt, was ihnen den nicht zutreffenden Ruf als »Schlachthaus« einbrachte.

Jetzt haben wir uns allerdings wieder einmal vom Wege abbringen lassen, sind schon fast am Freibad angekommen. Also schnell zurück zur Prenzlauer Chaussee. Überall ist Panke, möchte man meinen. Sie fließt unmittelbar hinter dem Krankenhaus entlang. Patienten, die bereits ausgehen dürfen, können sich an ihrem Ufer auf eine

Und immer wieder die Panke …

Bank setzen. Und sie kommt uns entgegen, wenn wir zielstrebig auf Buchholz zusteuern. Wenig später unterquert der Nordgraben die Straße. Ob hier in naher Zukunft wirklich die Verbindungsstraße von Reinickendorf bis zur Autobahn verlaufen wird? Pläne dafür gibt es; die Straße soll in Verlängerung der Wittenauer Straße am Nordgraben genau dessen Verlauf bis hierher folgen. Aber wer möchte sich da heute schon festlegen? Konzentrieren wir uns lieber auf Vergangenheit und Gegenwart. Gerade erst haben die Buchholzer ihre 750-Jahrfeier hinter sich. Man nimmt an, daß das Dorf 1242 gegründet wurde, demzufolge nur wenig jünger ist als der große Nachbar Berlin.

Es war zunächst, wie alle Dörfer im Barnim, ein Lehnschulzendorf; das heißt, der Markgraf vergab die Pachtrechte an eine Adelsfamilie, in diesem Falle an die von Bredows. Nach deren Aussterben fiel es um 1500 dem nunmehrigen Kurfürsten zu. Um das für die weitere Entwicklung wesentliche nur kurz zu streifen: Der Dreißigjährige Krieg mit Bränden und Plünderungen, nachfolgender Hungersnot und Typhus-Epidemie führte zu raschem wirtschaftlichen Niedergang. Die meisten Höfe waren verwaist, die Äcker verwahrlost. In dieser Situation war es ein wahrer Segen, daß Einwanderer aus Frankreich kamen. Hugenotten, französische Protestanten, die um des Überlebens willen ihre Heimat verließen, folgten der im Edikt von Potsdam ausgesprochenen Einladung nach Brandenburg und siedelten vorwiegend im Berliner Raum. Nach Buchholz kamen 1688 zunächst 16 Familien, denen später weitere folgten. Sie übernahmen die etwa 40 Jahre brachliegenden Höfe und bauten, neben auch hier bekanntem, gar seltsames Gemüse an: Spinat, Spargel und Rosenkohl. Ihnen soll auch die »Berliner Weiße« zu verdanken sein, jenes Bier mit seinem erfrischend-säuerlichen Geschmack, das noch heute zu den beliebtesten Getränken hierzulande zählt. Ob man es allerdings damals schon als »Weiße mit Schuß« trank, mit einer Beimischung von Himbeersirup, ist leider nicht feststellbar. Vergessen wir nicht zu erwähnen, daß die Hugenotten sowohl handwerklich als geistig-kulturell viel zur Entwicklung des Landes beitrugen, das sie aufnahm. Der brandenburgisch-preußische Staat kam ihnen mit einer Reihe von Privilegien entgegen. Sie waren vom Militärdienst befreit und wurden auch nicht, wie die Einheimischen, zu besonderen Arbeiten herangezogen. Noch sehr lange gebrauchten sie ihre heimatliche Sprache, bis 1826 wurde in der Buchholzer Kirche französisch gepredigt. Auch die Kinder lernten in eigener Schule, die erst 1857 mit der deutschen Schule zusammengelegt wurde. Die Einbürgerung der Hugenotten, ebenso wie die Stationierung napoleonischer Truppen Anfang des 19. Jahrhunderts, hat viel zur Übernahme französischer Worte, Bezeichnungen, Redewendungen in die berlinische Sprache beigetragen.

Doch bleiben wir bei der unmittelbaren Wirkung hier im Ort. Bis heute ist Buchholz Gemüselieferant für Berlin, und irgendwie muß sich die Tradition auch auf die vielen Kleingärtner – auf berlinisch Laubenpieper – übertragen haben. Jedenfalls findet sich hier eine starke Konzentration, der Großteil der 85 Kleingartenanlagen des Bezirks Pankow.

Buchholz präsentiert sich als eine eigenartige Mischung aus Dorf und Vorstadt. Man findet noch einige echte Bauernhäuser und ebenso eine gewisse Anzahl ehemaliger Sommerresidenzen. An der Ecke Gravensteinstraße (Endhaltestelle der 49) ist noch ein kleines Stück Park des Gutshofes vorhanden, der mit seinem Herrenhaus, den Stallungen, Scheunen und Wirtschaftsgebäuden, bis 1904 bestand. Der in Brandenburg und darüber hinaus in Mecklenburg gebräuchlichen Form entsprechend, erkennt man deutlich das ursprüngliche Straßen-Anger-Dorf. Mittendrin die Kirche. Ihr ältester Teil, aus Granitquadern aufgeführt, stammt aus dem 13. Jahrhundert. Das Querschiff mit Apsis sowie der Westgiebel aus Backstein, wurden 1852 im Rundbogenstil der Schinkelnachfolge angefügt. Der seitliche Turm steht seit 1886. Der Gegensatz dieser durch Jahrhunderte getrennten Bauauffassungen wirkt im Innern noch deutlicher. Die Ausstattung ist schlicht, und wir erfahren, daß die seitlichen Patronatslogen vor einigen Jahren entfernt worden sind.

Aus dem vorigen Jahrhundert gibt es aus Buchholz noch zwei heute recht amüsant anmutende Geschichten. Von hier aus mußten auch die Orte Schönerlinde, Schönwalde und Basdorf mit Post versorgt werden. Zwei Landbriefboten erledigten das und zwar zu Fuß. Jeden Tag gingen sie über die 17-km-Strecke. Der erste früh um 6, der zweite um 11 Uhr. Drei Stunden hin, drei Stunden zurück. Ganz schön beschwerlich, aber es gab zweimal täglich Post!

Und dann wurde noch versucht, aus dem Dorf einen

Luftkurort zu machen. Die Gemeinde warb mit »gesunder kräftiger Luft, trockenen Sommerwohnungen und unverfälschter Milch«. Vergebens. Die Luft mit ihrem unverfälschten Rieselfeldgeruch machte all diese Bemühungen zunichte.

Die Rieselfelder erwiesen sich andererseits für die Firma »Pyrotechnik-Silberhütte« als vorteilhaft. Mittenmang konnte man nicht nur die nicht ganz ungefährliche Produktion betreiben, sondern auch ein ausgezeichnetes Versuchsgelände für Schwärmer, Raketen und andere knallende und fauchende Lustbarkeiten einrichten. So manches Großfeuerwerk und viele tausend Silvesterknaller kamen aus Buchholz. Nur – daran dachte wohl beim allgemeinen Ah und Oh niemand.

Fünfter Spaziergang

Buch – zwei Meilen nördlich von Berlin

Die Überschrift zu diesem Kapitel ist dem Band »Spreeland« aus Theodor Fontanes »Wanderungen durch die Mark Brandenburg« entlehnt. Fontane hielt sich ja bei seiner Reise in den Barnim kurz in Pankow auf. Das Wort »Wanderungen« ist bei ihm durchaus wörtlich zu nehmen, legte er doch selbst die weitesten Wege grundsätzlich zu Fuß zurück. War das schon damals die beste Möglichkeit, wirklich etwas zu sehen, so ist sie es heute nicht minder. Wie oft jagen wir an Sehenswertem vorüber, ohne es auch nur eines Blickes zu würdigen.

Mit einigem Erstaunen lesen wir: »Schon der Eintritt ins Dorf ist malerisch«. Nun ja, das war 1860. Wir haben – doch wieder der Bequemlichkeit erlegen – die S-Bahn genommen, und da stehen wir nun vor dem Bahnhof in der Wiltbergstraße, benannt nach einem Ritter aus dem 14. Jahrhundert, und geraten ins Grübeln. Buch ein malerisches Dorf? Viel ist davon nicht mehr übrig. Die Stadt hat es, kraß ausgedrückt, überrollt. Einförmig wirkende Neubauten dominieren. In den letzten Jahren wuchs hier ein Viertel nach dem anderen aus dem Boden, und mit großer Wahrscheinlichkeit wird das noch ein Weilchen so weitergehen. Platz ist ja genug vorhanden.

Sortieren wir also das Vorhandene, was allerdings voraussetzt, daß wir im Gegensatz zu den bisherigen Spaziergängen nicht systematisch Straße für Straße abschreiten, sondern sozusagen thematisch vorgehen.

Das schnelle Anwachsen des Ortes ist wohl nicht zuletzt auf seine günstige Lage zurückzuführen. Da ist die Bahnverbindung sowohl nach Berlin als auch nach Bernau mit seiner herrlichen Umgebung – der Bahnhof Buch existiert seit 1879 –, und da ist der eigene Wald direkt vor der Haustür, der Bucher Forst. Mit 435 Hektar ist er das größte zusammenhängende Waldgebiet des Bezirks Pankow, davon 60% Laubhölzer. Mittelfristig wird sich das vielleicht ändern, wenn die Anpflanzung von Mischwald auf den angrenzenden ehemaligen Rieselfeldern dieses Erholungsgebiet bedeutend erweitern wird. Jedenfalls war und ist der Wald für Buch eine wichtige grüne Lunge. Dessen waren sich wohl auch die Berliner bewußt, die bereits um 1880 hierher zogen. In den Folgejahren bildeten sich die Kolonien Buch und Karow.

Aber auch der Berliner Stadtbaurat Ludwig Hoffmann ließ sich offenbar von den lokalen Gegebenheiten leiten, als er vom Magistrat den Auftrag übernahm, in Buch mehrere Krankenanstalten zu bauen. Hoffmann, der zuvor in Leipzig tätig war und dort das Reichsgericht erbaut hatte, war 1897 nach Berlin berufen worden. Markante Bauwerke von ihm sind hier u.a. das Neue Stadthaus an der Klosterstraße, das Märkische Museum und der Märchenbrunnen im Friedrichshain sowie etwa 50 Schulen. Die Stadt Berlin hatte 1898 vom letzten Grafen von Voß das gesamte Gut für 3 1/2 Millionen Mark gekauft, und bis 1929 entstand auf einem beachtlichen Areal eine regelrechte Krankenstadt. Hoffmann gelang es, nicht nur architektonisch abwechslungsreiche Gebäude zu entwerfen, überwiegend in Anlehnung an historische Stilarten, sondern sie vor allem auch mit der natürlichen Umgebung zu verbinden. Fünf Krankenhäuser im Grünen, wie wir sie bis auf den heutigen Tag sehen. Sie wurden am 1. Januar 1963 zum »Städtischen Klinikum«.

Die älteste Einrichtung ist das Hufeland-Krankenhaus an der Karower Straße – zuletzt übliche Bezeichnung »Be-

Kinderklinik im Klinikum Buch/Wiltbergstraße

Hauptgebäude im Klinikum Buch/Wiltbergstraße

reich II« – benannt nach Christoph Wilhelm Hufeland (1762–1836), Professor in Jena und Berlin. Es wurde als »3. Berliner Irrenanstalt« von 1899 bis 1906 gebaut. Dort war die Unterbringung von bis zu 2.660 Geisteskranken möglich. Die dunkelste Zeit ihrer Geschichte erlebte die Anstalt Ende 1939, Anfang 1940. Schon zwei Jahre zuvor waren die Personalien aller Patienten von staatlichen Stellen erfaßt worden. Unter der Firmierung »Gemeinnützige Transportgesellschaft GmbH«, hinter der offensichtlich die SS steckte, wurden alle nichtarbeitenden Kranken, mehr als 2.000, »evakuiert«. Keiner von ihnen hat diese Aktion überlebt. Nur 120 konnten von der Anstaltsleitung unter eigenem Sicherheitsrisiko als »arbeitsfähig« deklariert und gerettet werden. Das gesamte Gelände sowie die einzelnen Häuser des Hufeland-Krankenhauses sind in den letzten Jahrzehnten – entsprechend ihrer unterschiedlichen Verwendung – mehrmals verändert, teilweise auch umgebaut worden. Ihre heute sichtbare Struktur haben sie seit 1963.

1901 bis 1903 entstand das »Waldhaus Buch« (Bereich IV). Anfänglich »Anstalt für pflegebedürftige lungenkranke Frauen«, war es ab 1956 Zentrum zur Behandlung der Poliomyelitis, zuletzt Krankenhaus für Orthopädie und Rehabilitation. Das »Ludwig-Hoffmann-Krankenhaus« (Bereich III) an der Zepernicker Straße folgte 1903 bis 1908. Es war für »Hospitalisten und leichte Sieche«, also für Langzeitpatienten gedacht. In jüngster Vergangenheit wurde es zu einer Einrichtung für Geriatrie mit Klinik für Alterschirurgie profiliert.

Der Bereich I an der Wiltbergstraße wurde 1910 bis 1914 errichtet, zunächst als »4. Berliner Irrenanstalt«. Von 1919 bis 1933 war es »Heilanstalt für bildungsunfähige Kinder«. Eine wesentliche Wandlung erfuhr dieses Krankenhaus, als das »Hufeland-Hospital« aus Potsdam-Babelsberg hierher verlegt wurde. Nach 1950 erfolgte die Umgestaltung zu einem Krankenhaus für akut Erkrankte, das es noch heute ist. In seiner Entbindungsklinik haben zahlreiche Berliner und Bürger der umliegenden Gemeinden und Städte das Licht der Welt erblickt. Bevor wir das Gelände wieder verlassen, sei daran erinnert, daß hier bereits bei den Ausschachtungsarbeiten 1910 prähistorische Funde gemacht wurden.

1913 wurde mit der »Neuen Heimstätte im Walde« begonnen, später benannt nach dem »alten Heim«, dem berühmten Berliner Arzt Dr. Ernst Ludwig Heim (1747–1834). Im Ersten Weltkrieg mußten die Arbeiten eingestellt werden, so daß die Anlage erst 1927/29 fertiggestellt wurde. Dieser Bereich V hat seine Aufgabenstellung bis heute erhalten, als Spezialkrankenhaus für Lungenkrankheiten.

Seiner Bedeutung als »Krankenstadt« wurde das Klinikum nicht zuletzt auch durch das »Werk Buch« gerecht, einer eigenen Versorgungseinrichtung. Dieses 1900 bis 1906 erbaute und mehrmals erweiterte sowie veränderte

Werk liefert Elektroenergie, Fernwärme, Warmwasser, produziert Backwaren und Kühleis und reinigt die reichlich anfallende Wäsche.

Eine medizinische Fachschule bildete in den letzten Jahrzehnten Krankenschwestern und -pfleger für Buch und andere Krankenhäuser in Ostberlin aus. Eine Außenstelle für religiös gebundene junge Mädchen existiert im St. Hedwig-Krankenhaus. Darüber hinaus wurde am Bucher Wald in den achtziger Jahren ein Neubau für das Regierungskrankenhaus errichtet. Anfang 1991 konnte hier ein Dialysezentrum zur Betreuung von bis zu 120 chronisch Nierenkranken übergeben werden. Rund 15.000 Behandlungen jährlich sind in diesem neuesten Bereich des Klinikums möglich. Schon 1961 bis 1968 waren die Robert-Rössle-Klinik als Forschungs- und Behandlungszentrum für Geschwulstkrankheiten und Institute der Akademie der Wissenschaften, speziell als Forschungsstätten für Molekularbiologie und -medizin geschaffen worden.

Zu den Erwerbungen der Stadt Berlin von 1898 gehörten auch der Schloßpark und der Gutshof Buch, und was wir da zu sehen bekommen, ist schon einen Ausflug wert. Doch heben wir uns das Schönste bis zum Schluß auf. Gehen wir vom Bahnhof die Wiltbergstraße bis zur neu angelegten Kreuzung und biegen in die Straße »Alt-Buch« ein.

Hier haben wir noch einen kleinen Eindruck vom ehemaligen Dorf, vor allem am Gutshof, obwohl in der Straße ein geradezu erdrückender Verkehr flutet. Gleich am Eingang zu dem etwa drei Hektar großen Gelände das herrliche alte Taubenhaus, dann die Scheunen und Ställe. Seit 1981 war hier das Berliner »Büro für architekturbezogene Kunst« zu Hause, hatten Künstler Gelegenheit, in 20 Ateliers und auf überdachten Freiflächen zu arbeiten. Es gab eine Schlosserei, Holzwerkstätten und eine Halle, in der große Bildergalerien zusammengestellt wurden, unter anderem für die bekannten Galerien auf U-Bahnhöfen. Hier entstanden aber auch Brunnen und Plastiken, die so manches Wohnviertel interessanter machten. Mit der Wende und der Vereinigung Berlins ergaben sich zunächst einige Komplikationen, vorwiegend finanzieller Art. Zunächst einmal hat die Senatsverwaltung für kulturelle Angelegenheiten für zwei Jahre den Erhalt dieses Künstlerhofes gesichert, was auch am Eingang sichtbar gemacht ist. Inzwischen soll eine Konzeption der beiden Verbände Bildender Künstler Berlins vorliegen. Sie geht von einer gemeinsamen Trägerschaft aus. Es ist jedenfalls zu hoffen, daß der Komplex den Künstlern nicht verlorengeht. Einige begonnene Plastiken zeigen auch nach außen hin deutlich, daß fleißig gearbeitet wird. Vielleicht werden wir in absehbarer Zeit Gelegenheit haben, die Ergebnisse in Ausstellungen im Taubenhaus oder in anderen Gebäuden zu besichtigen. Natürlich beseitigt das noch nicht alle Probleme. Das gesamte Gut steht unter Denkmalschutz und bedarf einiger Mittel zur Restaurierung wie auch zum regelmäßigen Unterhalt.

Links neben dem Hof ahnen wir mehr, als wir es sehen, das Tor zum Schloßpark. Traurige Reste seines Barockschmucks bröckeln vor sich hin. Noch wäre es eventuell wiederherzustellen. Wenige Schritte in den Park hinein dehnt sich eine große Rasenfläche. Hier stand noch bis 1964 das Schloß. Dann wurde es – unter dem Vorwand der Baufälligkeit – abgerissen. Ein besonders kunstvolles Treppengeländer konnte gerettet werden. Es ziert seitdem den Aufgang im Operncafé, dem ehemaligen Prinzessinnenpalais. Ein durchaus passender Ort, da ja sowohl das Schloß als auch das Palais vom selben Baumeister errichtet wurden. Wir kommen noch auf ihn zurück.

Buch war vom Mittelalter bis zum Ende des vorigen Jahrhunderts Sitz der märkischen Adelsfamilien Röbel, Pölnitz, Viereck und Voß. Das Landhaus derer von Röbel, vom Freiherrn von Pölnitz übernommen und mit dem

Schloß Buch um die Jahrhundertwende

Park umgeben, genügte dem preußischen Staatsminister Adam Otto von Viereck bei weitem nicht. Gedachte er doch, auch seinen König als Gast zu empfangen. So ließ er ab 1724 auf den Resten des alten Gebäudes ein Schloß errichten. Es ist übrigens nicht auszuschließen, daß Knobelsdorff, der Baumeister Friedrichs II., hier beratend wirkte. Zumindest gab es einige Details, die an Rheinsberg erinnerten. Dem herrschaftlichen Schloß mußte natürlich auch der Garten angepaßt werden. Ein Birkenwäldchen als Irrgarten und eine Schlangenallee wurden angelegt sowie das Parterre im Versailler Geschmack. Dieses Vorbild wirkte also nicht nur auf die großen Höfe in Europa, sondern auch auf kleine Herrensitze. Eine Rokoko-Orangerie vervollständigte das Bild.

1881 wurde das Schloß noch einmal umgebaut, der Seitenflügel um drei Meter verlängert und aufgestockt. Leider verschwanden zusammen mit ihm im Park die Statue einer Nymphe, die eben der Panke entstiegen schien und ein Gedenkstein in Form eines römischen Sarkophags. Er war – wenn auch ohne direkten Bezug oder Namensangabe – der Gräfin Julie von Ingenheim gewidmet. Diese (eigentlich Elisabeth Amalia von Voss) war die Geliebte von König Friedrich Wilhelm III. Sie starb 1789 mit nicht ganz 23 Jahren, kurz nach der Geburt ihres Sohnes. Ihre Familie gab sich sittsam, wie aus dem Sterberegister von Buch herauszulesen ist. Dort steht: »Es ist aber nicht um diesen Todesfall weiter geläutet worden«.

Der Park lockt, auch ohne Nymphe und Gedenkstein, zu einem Rundgang. Mächtige Eichen, Buchen und viele andere Bäume spenden uns Schatten. Leise plätschernd fließt die Panke dahin, mehrere Nebenarme und Gräben sind von kleinen Brücken überspannt, im Zentrum hat sich ein ansehnlicher Teich gebildet, der Lebensraum für allerlei Getier, vornehmlich Enten, bietet. Eine herrliche Ruhe umfängt uns, nur ab und zu gestört, wenn auf dem nahen Bahndamm eine S-Bahn oder ein Fernzug vorüberfahren. Nach Bürgerpark, Schloßpark Niederschönhausen und Brosepark die vierte Oase dieser Art im Bezirk Pankow.

Doch reißen wir uns los, es erwartet uns ja ein in unseren Breiten zumindest seltenes Bauwerk: die Barock-Kirche, der wir uns nun endlich zuwenden wollen. Entworfen von Friedrich Wilhelm Dietrichs (der in Berlin das Prinzessinnenpalais schuf), wurde sie von 1731 bis 1736 erbaut. Grundstock war eine alte Fachwerkkirche mit einer Gruft, die der Familie Viereck als Erbbegräbnis dienen sollte. Otto Adam von Viereck ließ sich gern als der Stifter feiern, es ist aber recht zweifelhaft, ob die Kirche wirklich nur aus seinen Mitteln finanziert wurde. Nachweislich leistete die Gemeinde die üblichen Hand- und Spanndienste, und in den Kassenbüchern der Kirchen von Karow und Birkholz sind Darlehen gebucht. Wie sehr Viereck dennoch den Bau als sein persönliches Werk ansah, zeigt das bekannte Gemälde des Malers Falbe (Schüler von Antoine Pesne), das den Staatsminister mit der Kirche als Hintergrund zeigt. Das Bild wurde 1765 in Kupfer gestochen. Abzüge finden sich im Kupferstichkabinett der Staatlichen Museen zu Berlin, im Märkischen Museum und in der Staatsbibliothek. Die »schöne Kirche« von Buch, so genannt in Nicolais »Beschreibung Berlins und seiner Umgebung« von 1786, erfuhr noch manche Veränderung, so unter anderem als 1785/89 die Orgel des Berliner Meisters Joachim Wagner eingebaut wurde, von dem auch das Instrument in der Berliner Marienkirche stammt. Sein Bucher Opus wurde später an eine andere Kirche gegeben, da es sich als zu groß erwiesen hatte, und erst 1962 durch eine Schuke-Orgel ersetzt, deren Prospekt sich der heutigen schlichten Ausstattung angenehm anpaßt. Im Innern mußte die Kirche weitgehend erneuert werden, da sie am 18. November 1943, von Bomben getroffen, völlig ausgebrannt war. Nur ein Kunstwerk blieb, vorsorglich eingemauert, erhalten: das Marmor-Epitaph im Chor, ein Werk des Schlüterschülers Friedrich Christian Glume, von dem auch dekorative Arbeiten in Rheinsberg, in Sanssouci und im Berliner Marstall zu finden sind.

Die schon erwähnte Gruft unter dem Chor hatte eine merkwürdige Eigenschaft. In ihr bestattete Mitglieder der Familien Pölnitz, Viereck und Voß wurden auf natürliche Weise zu Mumien. Es ist nie geklärt worden, was diesen Vorgang bewirkte. Jedenfalls erinnert er an das märkische Dorf Kampehl, wo seit mindestens 150 Jahren der mumifizierte Ritter Kahlbutz gezeigt wird. Vielleicht war es sein Schicksal, daß einige Angehörige der Bucher Patronatsfamilien dazu bewog, sich eine Beisetzung in der Gruft ausdrücklich zu verbitten. 1925 wurde sie endgültig zugemauert.

Auch außen ist uns das Bauwerk nicht so überkommen, wie es Nicolai als »schöne Kirche« gesehen hat. Nach dem

Die Bucher Schloßkirche

Krieg restauriert, wurde der Turm weggelassen, und es ist wohl leider mehr als fraglich, ob er jemals erneuert werden kann. Trotz dieses Mangels ein bezaubernder Anblick. Erstaunlich übrigens auch, daß nach wie vor der rundherum gelegene Kirchhof erhalten und genutzt ist. Seine Umfassungsmauer soll, als erstes Teilstück der erhaltenen Barockanlagen, nunmehr restauriert werden. Der berühmte »Wanderer durch die Mark«, Fontane, hat das alles mit recht kritischem Abstand gesehen. Aber lassen wir ihn doch selbst zu Wort kommen.

Zu der Bezeichnung »schöne Kirche« meint er: »... ein Ausspruch, der wohl nur in Zeiten möglich war, in denen man aufrichtig glaubte, durch Laternen- und Butterglokkentürme die gotischen Formen unserer alten Feldsteinkirchen ersetzen oder gar noch verbessern zu können. Alles, was dieser Bucher Kirche zugestanden werden darf, ist Stattlichkeit und ein gewisser malerischer Reiz«.

Nun, Fontane liebte alles Märkische und hob es bei jeder Gelegenheit hervor, aber vielleicht ist es gerade der von ihm zugestandene Reiz, der uns heute dieses Bauwerk so anziehend macht.

Wenn wir uns nun umwenden, fällt unser Blick auf den »Schloßkrug«, auf den Grundmauern seines Vorgängers 1825 erbaut, seitdem ohne Unterbrechung als Gaststätte genutzt. Da es seinerzeit keine andere Herberge im Ort gab, war es also hier, wo Theodor Fontane 1860 nächtigte und speiste.

Es wird Zeit, Abschied zu nehmen von Buch, welches in ersten urkundlichen Erwähnungen »Wentschen-Bug« genannt wird, was auf slawischen, damals als wendisch bezeichneten Ursprung schließen läßt. Abschied zu nehmen von der Krankenstadt mit dem von der Panke durchzogenen Park, der Barock-Kirche und dem Künstlerhof. Das alte Dorf ist zwar weitgehend verdeckt durch die Neubaugebiete, aber die sind immerhin bereits 25.000 Menschen zur Heimstatt geworden.

Und damit auch »ade Pankow« – nach so ausgiebigen Spaziergängen verspüren wir vielleicht auch Lust, im nächsten Jahr einmal das »Fest an der Panke« zu besuchen.

die große Zeitung Berlins

Ausgewählte Daten zur Geschichte Pankows

1311	Erste urkundliche Erwähnung des Dorfes Pankow
1230	Bau der Kirche
1230	Dorf Rosenthal gegründet
1242	Gründung des Dorfes Buchholz
1348	Markgraf Otto der Faule verpachtet Pankow an Berlin und Cölln
1688	Hugenotten werden in Buchholz angesiedelt
1691	Johann Arnold Nehring und Eosander von Göthe errichten Schloß Niederschönhausen
1731–1736	Schloßkirche Buch erbaut
1772	Gründung der Siedlung Schönholz
1828	Peter Joseph Lenné gestaltet den Schloßpark Niederschönhausen als Landschaftsgarten
1850	bis zur Jahrhundertwende werden Pankow, Niederschönhausen und Buchholz Villenvororte und beliebte Ausflugsziele
1857	Umbau und Erweiterung der Pankower Dorfkirche
1857	Beginn des Wochenmarktes in Pankow
1873	Anlage der Rieselfelder begonnen, 1985 stillgelegt
1890	Pankow-Süd wird erschlossen
1893	Die Kolonie Wilhelmsruh geht an Reinickendorf

1895	Erste elektrische Straßenbahn zwischen Pankow-Kirche und Gesundbrunnen
1895	Max Skladanowsky führt in der Berliner Straße seine laufenden Bilder vor
1899	Beginn des Baus der Krankenstadt Buch
1901	Eröffnung der Heidekrautbahn
1903	Erfindung der Thermosflasche durch Reinhold Burger
1904–1907	Renaissance der Pferdebahn zwischen Buchholz und Heinersdorf
1907	Die Gemeinde kauft den Besitz des Barons von Horn, der Bürgerpark entsteht
1909	Einrichtung eines zentralen Schulgartens an der Blankenfelder Chaussee, seit 1977 Botanische Anlage der Humboldt-Universität
1913	Ein Pankower ist fünf Tage König von Albanien
1920	Eingemeindung der Dörfer Pankow, Niederschönhausen, Rosenthal, Blankenfelde, Buchholz, Buch, Blankenburg, Heinersdorf und Karow als 19. Verwaltungsbezirk Groß-Berlin
1920	Der Brose-Park in Niederschönhausen wird öffentlich zugänglich
1924	Erster elektrisch betriebener S-Bahnzug auf der Strecke Stettiner Bahnhof / Pankow / Buch / Bernau
1928–1930	Begradigung der Panke und Bau des Nordgrabens
1930	Die U-Bahn »A« fährt bis Vinetastraße
1936	Erste öffentliche Fernsehstube in der Wollankstraße
1938	Gebietsveränderungen im Westen und Süden Pankows
1955	Eröffnung der Parkbibliothek im Bürgerpark
1960	Das Freibad Pankow wird eingeweiht

1986	Karow, Blankenburg und Heinersdorf gehen an Weißensee
1991	Innerer Schloßpark Niederschönhausen erstmals zugänglich
1991	Die Schwimmhalle Buch wird eingeweiht
1992	Erste Neubauten in Rosenthal
1992	750-Jahr-Feier des Ortsteils Buchholz

Entwicklung der Einwohnerzahlen

Dorf Pankow

um 1800 :	286
1850 :	1.037
1870 :	2.000
1900 :	21.542
1920/21 :	57.935
1938 :	70.044

Dorf Niederschönhausen

1800 :	187
1900 :	4.282
1920/21 :	19.271
1938 :	27.738

Bezirk Pankow nach der Eingemeindung

1925 :	105.467
1945 :	128.563
1948 :	149.106
1965 :	137.789
1989 :	108.930
1991 :	107.032

Literatur

Otto Jacobi, Carl Gießmann: »Große Stadt aus kleinen Steinen«. Ein Beitrag zur Geschichte des 19. Berliner Stadtbezirks. (Sonderdruck aus dem »Anzeiger für den Norden Berlins« 1936)

Otto Fischer: »Jugenderinnerungen eines alten Pankowers«. (Sonderdruck aus dem »Anzeiger für den Norden Berlins« 1932)

Ernst Rehfeldt: »Geschichte von Niederschönhausen«. Verlagsbuchhandlung Fr. Zillessen, Berlin 1929

Martin Pfannschmidt: »Geschichte der Berliner Vororte Buch und Karow«. Verlagsbuchhandlung Fr. Zillessen, Berlin 1927

Theodor Fontane: »Wanderungen durch die Mark Brandenburg«. Band IV – »Spreeland«. Aufbauverlag, Berlin und Weimar 1982

»5 Tage König von Albanien«. Ein Tatsachenbericht von Otto Witte-Pankow. Im Selbstverlag des Verfassers 1939

Ines Rautenberg: »Straßennamen im Stadbezirk Berlin-Pankow«. Stadtbezirkschronik, 1985

Rudolf Dörrier: »Pankow, Chronik eines Berliner Stadtbezirks«. Rat des Stadtbezirks, 1971

»Architekturführer DDR/Berlin«. Verlag für Bauwesen, Berlin 1974

»Humoristisch-poetischer Führer durch Berlin«. Verlag von Levy und Müller, Stuttgart 1890

Veröffentlichungen in Zeitungen und Zeitschriften.

EDITION JULE HAMMER

Die Reihe mit Witz

Emil Koschka

Berliner Rekorde und Superlative

2. Auflage,
94 Seiten,
zahlr. Abb.,
DM 9,80
ISBN 3-7759-0253-8

Emil Koschka

Berliner Sitte(n)

94 Seiten,
zahlr. Abb.,
DM 9,80
ISBN 3-7759-0247-3

Eduard Huk/
Wolfgang Janowitz

Berlin jewendet

Das „Letzte" aus der DDR

2. Auflage
96 Seiten, DM 9,80
ISBN 3-7759-0335-6

Theodor Constatin

Plaste & Elaste

Ein deutsch-deutsches Wörterbuch

8. Auflage
100 Seiten,
10 Abb.,
DM 9,80
ISBN 3-7759-0315-1

HAUDE & SPENER